Vom Rheinfall in Schaffhausen bis zur Quelle am Tomasee: Einem spontanen Impuls folgend wandert Franz Hohler den Rhein entlang und hält fest, was ihm begegnet: Campingplätze und Mückenschwärme, Autobahnbrücken und Vogelrufe, Historisches und Biographisches, Erinnertes wie allzu Gegenwärtiges, Tragisches wie Komisches – und in Liechtenstein eine Abwasserreinigungsanlage. Mal ist der Rhein mächtiger Strom, ungestüme Natur, die dramatisch in die Tiefe stürzt, mal gemächliches Rheinlein oder schrecklich verbaut und gezähmt, fast nicht zu finden. Aber immer ist er in Franz Hohlers gelassen-pointierter Prosa auch Sinnbild für das Leben und das wechselhafte Miteinander von Mensch und Natur.

FRANZ HOHLER wurde 1943 in Biel, Schweiz, geboren. Er lebt heute in Zürich und gilt als einer der bedeutendsten Erzähler seines Landes. Hohler ist mit zahlreichen Preisen ausgezeichnet worden, unter anderem mit dem Alice-Salomon-Preis und dem Johann-Peter-Hebel-Preis.

Franz Hohler

Rheinaufwärts

btb

Penguin Random House Verlagsgruppe FSC® N001967

1. Auflage
Genehmigte Taschenbuchausgabe November 2024
btb Verlag in der Penguin Random House Verlagsgruppe GmbH,
Neumarkter Str. 28, 81673 München
Copyright © 2023 Luchterhand Literaturverlag
in der Penguin Random House Verlagsgruppe GmbH
Covergestaltung: buxdesign | Ruth Botzenhardt unter Verwendung
eines Motivs von © Christian Altorfer
Druck und Einband: GGP Media GmbH, Pößneck
cb · Herstellung: han
Printed in Germany
ISBN 978-3-442-77479-1

www.btb-verlag.de
www.facebook.com/penguinbuecher

dabei. Ich könnte allerdings heute Abend bei Ihnen daheim vorbeikommen und mich dort überfallen lassen.

RÄUBER: Nein. Die Kinder mögen es nicht, wenn ich zu Hause arbeite. Wie sieht es bei Ihnen morgen aus?

MANN: Morgen? Hmm. Das Arbeitsessen mit Kowalski, dann die Besprechung um 14 Uhr, anschließend der Termin bei der Buchhaltung – nein, morgen ist es schlecht.

RÄUBER: Und wenn Sie mir das Geld einfach überweisen?

MANN: Wenn Sie mir eine Rechnung schicken?

RÄUBER: Kein Problem. Zahlbar binnen zehn Tagen.

MANN: Mit zwei Prozent Skonto! Das muss klar sein.

RÄUBER: Selbstverständlich!

MANN: Hand drauf?

RÄUBER: Ehrensache! Und ich darf doch hoffen, dass Sie mich weiterempfehlen?

MANN: Mit dem allergrößten Vergnügen. Leute wie Sie müssen doch unterstützt werden. Sonst geht's in diesem Land bald zu wie in einer Räuberhöhle.

Der Autor: Werner Koczwara, Jahrgang 1957, ist seit 1983 auf den Kabarettbühnen der Republik zu Gast. 1989 wurde er mit dem »Salzburger Stier« ausgezeichnet, in den neunziger Jahren war er Chef-Autor für die ARD-Shows »Spott-light« und »Verstehen Sie Spaß« sowie für die »Harald-Schmidt-Show«. Sein Programm »Am achten Tag schuf Gott den Rechtsanwalt« ist ein Dauer-brenner und wurde bisher mehr als 500mal aufgeführt.

1

Nach Wochen der Vorsicht, in denen ich bloß manchmal am frühen Morgen einen kleinen Spaziergang riskierte, um dem Pandemie-Drachen nicht in die Klauen zu laufen, oder in denen ich mit meiner Frau das Ritual begann, am Sonntagmorgen an den Waldrand des Käferbergs zu gehen und erwartungsvoll nach Osten zu blicken, um zu sehen, wie die Sonne und damit auch das Leben aufging, nach Wochen der Vorsicht also der erste Ausflug, als ob nichts wäre. Fast nichts.

Eine Gesichtsmaske in der Hosentasche steige ich in Oerlikon in den Regionalexpress nach Schaffhausen, im oberen Stock der 1. Klasse sitzen noch zwei weitere Passagiere, die Maske bleibt, wo sie ist. Der Rheinfall fällt wie eh und je, doch für sich allein, von Menschen unbehelligt. Kein Besichtigungsboot kreist im großen Wasserbecken, in das er sich ergießt, und auf der Besucherplattform am andern Ufer ist niemand zu sehen. Wahrscheinlich ist sie noch gesperrt, wie auch die Uferpromenade in Schaffhausen, um größere Menschenansammlungen zu vermeiden.

Täusche ich mich beim Gang durch die Stadt, oder schwingt in den Blicken der wenigen maskierten Menschen ein leiser Vorwurf an die Unmaskierten mit?

Ich überquere den Rhein auf der Brücke nach Feuerthalen und mache mich auf den Uferweg flussaufwärts.

Der Rhein fließt überaus gemächlich, es ist ihm nicht anzusehen, dass er sich wenig später in die Tiefe stürzen wird, die Wassertropfen wissen noch nichts von ihrem Schicksal.

Bald hinter Feuerthalen ein altes Klostergelände mit dem vielversprechenden Namen Paradies, an der dazugehörigen Gastwirtschaft teilt ein Plakat mit: *Paradies – Offen ab 11 Uhr*, und als Trost für Enttäuschte: *Wir freuen uns auf Sie!*

Da es erst 10 Uhr ist, gehe ich weiter, lasse mich auch nicht zu einem Besuch in der Eisenbibliothek verlocken, die sich mit über 40 000 Bänden zum Thema Eisen in einem Seitenarm des Klosters eingenistet hat. Im Schaarenwald nehme ich das, was man in Japan ein Waldbad nennt, lasse mich unter frischgrünen Baumwipfeln von Vogelrufen bezaubern, die ich noch nie gehört habe. Ab und zu kommt mir ein Paar in meinem Alter entgegen, wir weichen uns aus, so gut es geht, und grüßen uns fast komplizenhaft, Strafentlassene.

Etwas später werde ich von einem groß angelegten Tafelwerk darauf aufmerksam gemacht, dass hier im Koalitionskrieg von 1799 die Österreicher eine Brücke über den Rhein bauten, um den Franzosen in Süddeutschland entgegenzutreten. Hunderte von Schaffhausern, Feuerthalern und Diessenhofern wurden zur Mithilfe am Bau abkommandiert, die Klöster mussten Bäume aus ihren Wäldern dafür hergeben. Das ist lange her. Ein fernes Echo klingt noch in Flurnamen nach, Russenmoos, Schanzenwiesli, Mörderbuck.

Auf der gegenüberliegenden Seite des Rheins erstreckt sich die deutsche Exklave Büsingen, in der ein Schweizer zollfrei ein Pfandleihhaus für Luxusautos betreibt. Viele Immobilienhändler, ließ er uns neulich in einem Interview wissen, hätten bei der aufkommenden Corona-Krise ihre Autos bei ihm verpfändet und holten sie nun, da ihnen der Bund mit hohen Geldbeträgen unter die Arme greift, wieder zurück.

Ich marschiere autolos wie Hans im Glück weiter, betrete in einem nächsten Kloster mit dem anrührenden Namen St. Katharinental eine golden funkelnde Barockkirche, doch da Bildschirm und Kopfhörer, die über historische und spirituelle Hintergründe der Kirche Auskunft gäben, außer Betrieb sind, wie auf einem aufgeklebten Zettel zu lesen ist, muss ich mich nicht damit beschäftigen, sondern setze mich an den Rhein, esse ein Sandwich, das ich mir beim *Brezelkönig* in Schaffhausen gekauft habe, und schaue zu, wie eine Grenzpatrouille mit einem Schweizerfähnchen am Heck langsam den Fluss hochfährt. Ihr Boot ist englisch angeschrieben, Border Guard, wenn ich richtig lese. 3 Mann und 1 Frau sind an Bord, 1 Mann isst ein Sandwich, 1 Frau trinkt aus einer PET-Flasche.

Kurz danach erreiche ich Diessenhofen, hinter dessen dörflichem Namen sich ein richtiges Städtchen verbirgt, gehe zum Bahnhof, wo jede halbe Stunde ein Zug zurück nach Schaffhausen fährt, und denke beim Einsteigen, warum wandere ich nicht von hier aus weiter am Rhein entlang, so weit, bis ich zu seiner Quelle komme?

19.5.2020

2

In Diessenhofen steige ich mit meiner Frau aus dem Zug. Der Bahnhof liegt etwas außerhalb des Städtchens, auf dem kurzen Weg dorthin kommen wir am Gebäude des lokalen Fernsehsenders »Tele D« vorbei. Hier wurde ich zu Beginn des Jahres anlässlich einer Lesung in Stein am Rhein interviewt und dachte, es wäre sicher schön, in der Altstadt einmal einen Kaffee zu trinken.

Das tun wir jetzt, ein Café hat geöffnet, wir setzen uns draußen hin, bestellen einen Cappuccino, den wir, umrahmt von alten Häuserreihen und mit dem Blick auf das Stadttor, langsam austrinken, uns den Milchschaum von den Lippen wischen und dann aufbrechen.

Der Wanderweg verläuft lange Zeit direkt am Rhein. Die Gelassenheit, mit der er uns entgegenströmt, überträgt sich auf uns und dämpft unsern forschen Schritt nach und nach. An den Mauern, mit denen das Ufer befestigt ist, zeugen eingelassene Eisenbügel und herausragende Steine von Funktionen, die ich der Schifffahrt und Flößerei früherer Zeiten zuordne, ohne zu wissen, wofür genau sie gebraucht wurden.

Große Mückenschwärme tanzen über dem Weg, eine Joggerin bewegt ihren rechten Unterarm wie einen Scheibenwischer vor ihrem Gesicht. Vor einem Jahr habe ich bei der Eröffnung einer Kampagne über das Insektensterben mitgewirkt – sollten das schon Anzeichen einer Erholung sein?

Das Leben hat seinen gewohnten Gang nach dem Stillstand noch nicht wieder aufgenommen, die Seuchengefahr liegt wie ein Generalverdacht in der Luft.

Die Badeplätze sind mit Abstandsermahnungen auf Plakaten versehen, auf einem Campingareal, einer Wagenburg eher, wo sich Wohnmobil an Wohnmobil reiht, sind trotz des schönen Vorsommerwetters kaum Leute zu sehen. Ab und zu putzt einer einen Klapptisch oder ein paar Plastikstühle vor seinem aufgebockten Wohnwagen. Der Lebensgenuss steht erst bevor.

Ein Schwan hat auf einer Kiesbank unmittelbar neben dem Wanderweg sein Nest gebaut und blickt uns feindselig an, obwohl wir unsere Unschuld beteuern.

Die Grenze zu Deutschland hat Kriegsspuren hinterlassen. Ein Bunker, dessen Zeit längst abgelaufen ist, blieb im Wald stehen wie ein Wachsoldat, der den Weg zu seiner Einheit nicht mehr gefunden hat, und ist vollkommen mit Efeu überwachsen. Sollte er je wieder gebraucht werden, wäre er jedenfalls gut getarnt.

Eine Gedenkstätte erinnert an ein Unglück, das sich 1944 ereignete, als man die Minen, die zur Sprengung der Brücke nach Hemishofen vorgesehen waren, angesichts der sich abzeichnenden Niederlage der deutschen Wehrmacht, wieder entfernen wollte. Eine Fehlmanipulation führte zu einer Explosion, bei der 10 Soldaten ums Leben kamen, ihre Namen und ihre Jahrgänge sind auf einer Tafel eingemeißelt, einige waren nur wenig über 20 Jahre alt.

Ein Vogel- und Zugvogelreservat drängt den Wanderweg immer wieder vom Rheinufer weg. Es kündigt sich nun durch eine gewaltige steinerne Scheune die Propstei Wagenhausen an, die Silhouette des Städtchens Stein am Rhein erwartet uns, ohne ein einziges Hochhaus, ein Blick über den Rhein zeigt eine herausgestuhlte Kaffee-und-Kuchenlandschaft, die mit genügend Abstand zwischen den Tischen genutzt wird. Das alte Kino »Schwanen«, in dem ich im

Januar meine Lesung hatte, steht noch, und während wir zum Bahnhof hinaufgehen, denke ich, es wäre sicher schön, in der Altstadt einmal einen Kaffee zu trinken.

26.5.2020

3

»Endlich wieder Kino!« kündigt das »Cinema Schwanen« an. »Eintritt gratis – nur mit Reservation, 12. Juni ›J'accuse‹, 13. Juni ›Moskau einfach‹.«

Ich gehe über die Rheinbrücke, um in der Altstadt von Stein am Rhein einen Kaffee zu trinken, durch die Untergasse zum Untertor, dann die Hauptgasse hoch, aber um Viertel nach acht ist man offenbar zu früh. Dafür schaue ich mir in Ruhe die Fresken am Rathaus an, sowie diejenigen am »Weißen Adler«, welcher mit Motiven von Boccaccios »Decamerone« geschmückt ist, aber außer einem nackten Paar, das an einen Schandpfahl gefesselt ist, ist nichts Erotisches oder gar Obszönes zu erkennen.

Das Stadtwappen zeigt den Heiligen Georg im Kampf mit dem Drachen, auf einer alten Fassade hinter dem Rathaus steht das Vorbild dazu. Georg sticht, auf dem Pferd sitzend, von links dem Drachen in die offene Schnauze, die ihm dieser von rechts unten fast bereitwillig entgegenhält. Da die Heraldiker Stein am Rhein immer wieder ermahnten, in einem Wappen habe eine seitlich abgebildete Figur stets von rechts nach links zu schauen, entschied der Stadtrat schließlich, das Wappen in diesem Sinn zu ändern. Tritt man aber beim Gang durch die Stadt auf einen Dolendeckel, sticht dort ein gusseiserner Georg wie eh und je von links nach rechts auf den Drachen ein, es gibt also für die Gießereien noch einiges zu tun.

Ohne Kaffee gehe ich zurück über die Brücke und betrete den Uferweg. Der Rhein beginnt sich hier zu weiten und umfließt drei Inseln. Zeitfern und schutzwürdig stehen sie da, auf eine von ihnen führt ein Holzsteg, dort soll der Mönch St. Otmar begraben worden sein. Die andern sind den Vögeln vorbehalten, auf Tafeln kann man das ornithologische Inhaltsverzeichnis der Inseln bestaunen. Den Wörtern Schnatterenten und Löffelenten bin ich bis jetzt nicht begegnet.

Ich verlasse den Kanton Schaffhausen und komme nach Eschenz, im Hoheitsgebiet des Kantons Thurgau. Auf einem Wegweiser zum Rhein steht »Buebebadi«. Während der nächsten 500 Meter denke ich über diese Einrichtung nach, überlege mir, was wohl passiert, wenn ein Mädchen in die Buebebadi käme, denn der Rhein sollte ja für alle da sein. Dann stoße ich auf den Wegweiser »Maitlibadi«, der allerdings mit der Warnung versehen ist »Nur für Einheimische«. Im Thurgau, fällt mir ein, ist man katholisch, wenigstens zur Hälfte.

Schwalben sausen in Bodennähe über den Acker zu meiner Rechten, manchmal fliegt eine so knapp an mir vorbei, dass ich froh bin, keine Mücke zu sein.

Das Flussufer ist weitgehend verbaut, das Repertoire der Ferienhäuser reicht von der Holz- und Bootshütte bis zur Villa. Der Wanderweg wird nun nach oben zu einem Hang hin abgedrängt, ich setze mich auf eine Bank, esse eine Aprikose und schaue auf den Rhein hinunter, der hier so breit wird, dass er mich an den Jenissej in Sibirien erinnert, an dem ich vor ein paar Jahren stand. Eigentlich ist er gerade daran, sich in einen See zu verwandeln, den Untersee, der den Ausflussarm des Bodensees bildet.

Im Weitergehen komme ich an umfangreichen Apfelbaumplantagen vorbei, reihenförmig angeordneten Niederstammbäumen, die mit Netzen überzogen sind. Ich erinnere mich an einen Literatur- und Kunstfreund, der mit diesen Netzen handelte. Er gehört zu den wenigen Menschen, die ich kannte, welche ermordet wurden.

Ein Traktor fährt zwischen den Baumreihen durch und versprüht aus einem mitgeführten Tank eine Flüssigkeit. Sie wird wohl den Äpfeln zugutekommen, Schädlinge haben kein leichtes Leben. Könnte ich als Insekt wählen, ob ich lieber im Schnabel einer Schwalbe verenden würde oder in einem Sprühregen auf einem Apfelbaum verkrümmen, ich würde die Schwalbe wählen.

Aber ich bin kein Insekt und muss mich nur beim Gehen etwas verkrümmen, um meinen linken Fuß zu entlasten, der sich schon seit gut zwei Wochen immer wieder meldet, mit einem Schmerz, für den mir nur das Wort Muskelzerrung zur Verfügung steht.

Eigentlich wollte ich bis nach Steckborn, beende aber meinen Gang am Bahnhof Mammern. Vom Pausenplatz des Schulhauses, das gleich daneben liegt, erklingen die lauten und fröhlichen Rufe der Kinder wie Freudenschreie über den ersten Schultag nach der Pandemie.

Während ich auf den nächsten Zug warte, rufe ich die Praxis meines Hausarztes an, um einen Termin abzumachen. Schließlich möchte ich weiterwandern. Rheinaufwärts.

8.6.2020

4

Jetzt also in Mammern am Jenissej vor dem Wegweiser nach Steckborn, mit einem Kompressionsstrumpf am linken Bein, der den Muskelschmerz bändigen soll. Eigentlich dachte ich, man käme an der Klinik Schloss Mammern vorbei, aber der Wanderweg lässt diese bekannte Rehabilitationsoase links liegen. Dort haben wir eine unserer engsten Freundinnen zum letzten Mal gesehen, bevor sie ihrem Krebsleiden nichts mehr entgegenzusetzen hatte. Mit ihr und ihrer Familie hatten wir mehrere Jahre zusammengewohnt, blieben uns immer verbunden, und heute wohnen wir mit ihrer Tochter und deren Familie zusammen. Vom Blick aus dem Aufenthaltsraum der Klinik sind mir die wunderschönen Bäume vor dem Hintergrund des mächtigen Rheinarmes in Erinnerung geblieben.

An diesem Rheinarm entlang, dem der Rhein immer mehr verloren geht, weil er immer mehr zum Untersee wird, gehe ich nun unter hohen Wolkenfeldern nach Osten, an Camping- und Wohnwagenplätzen vorbei und an Schildern »Privat! Zutritt verboten«, hinter denen sauber gemähte Rasenflächen zu sehen oder zu erahnen sind. Birnbäume stehen in strammen Kolonnen links und rechts, die Netze, die sie schützen, sind zum Teil wie Vorhänge geöffnet, die man schließen kann, wenn die Birnen ihre Ruhe haben wollen. In die Nähe des Ufers führt der Weg durch einen fast märchenhaften Baum- und Buschtunnel; die Kronen sind zu einem Dach zusammengewachsen, wenige Meter neben dem Wasser, dessen Wellenschlag den Amselgesang orchestriert.

Das Schloss Glarisegg, in das der junge Friedrich Glauser drei Jahre zur Erziehung gesteckt worden war, steht immer noch da, umgeben allerdings von neueren Bauten, die daneben provisorisch wirken und nach Pädagogik riechen. »Leben und lernen am See« verspricht die Eingangstafel. Das gibt mir die Gewissheit, dass der Rhein endgültig verschwunden ist, und als ich Steckborn erreiche (schon wieder ein properes Städtchen mit Rathaus, Schloss und Riegelhäusern), darf ich getrost das Schiff erwarten, das von Schaffhausen her kommt und in Richtung Konstanz fährt. An der Schifflände ist der Name Steckborn mit großen Buchstaben für die vom See Ankommenden auf ein Transparent geschrieben, sodass man ihn auf dem Land von hinten sieht, ein seltener Anblick, von dem ich ein Foto mache und es meiner Frau schicke.

Die Matrosen und die Leute vom Schiffspersonal tragen alle Stirnbänder mit einem Plexiglasspuckschutz, der bis über das Kinn reicht. Ich ziehe meine Maske an und hole mir im Bistro ein Käsesandwichzöpfchen und eine Apfelschorle. Das Schiff überquert zweimal die Landesgrenze und legt einmal in Gaienhofen an und das zweite Mal an der Halbinsel Reichenau. Von Ermatingen an verlangsamt es seine Fahrt, Naturschutzgebiete und seichte Wasser scheinen dies zu verlangen. In Gottlieben steige ich aus und werde sofort wieder historisch umarmt und belehrt; im Kerker des Schlosses, von dem heute nur noch zwei Türme stehen, waren während des Konstanzer Konzils Jan Hus und sein Gefährte Hieronymus gefangen, bevor sie verbrannt wurden. Durch eine Allee von uralten Bäumen, die zu Zeiten angelegt wurde, als Gottlieben noch nicht den Touristen anheimgefallen war, erreiche ich Konstanz, überschreite ohne Ausweiskontrolle den Zoll Tägerwilen, der noch vor vier Tagen geschlossen war. Ich muss mich weder mit einem sterbenden Verwandten noch mit einer gefestigten Liebesbeziehung legitimieren und freue mich über den Einzug der Selbstverständlichkeit, der man allerdings noch nicht den vollen Kredit gibt, sondern sie vorsichtig mit dem Namen »neue Normalität« beschreibt.

Die mehrspurige Autostraße, die es zu überqueren gilt, ist auf meiner Wanderkarte noch rot punktiert, wie die ganze Autobahn auf der Schweizer Seite von Konstanz. Ich sehe bei dieser Gelegenheit, dass sie, die Karte, von 1974 stammt. Und dann treffe ich ihn wieder, den Rhein, wenn auch nur als kleines Verbindungsgewässer zwischen dem Bodensee und dem Untersee, und mit Freuden marschiere ich an seinem Ufer an den Baracken der Marinekameradschaft und der Marinejugend vorbei, vor denen einer auf einem Trockenboot ein Rudertraining absolviert. Die dröhnende Mobilität der neuen Autobahnbrücke wird durch einen sanft gewölbten Fahrrad- und Fußgängersteg konterkariert, wie Figuren eines Schattentheaters werden Fahrräder und Menschen fast lautlos hin- und hergeschoben.

Großherzog Leopold von Baden und Berthold der Erste von Zähringen drehen dem Rhein in Stein gehauen den Rücken zu; durch einen Tunnel, hinter dessen Ausgang man das Schwäbische Meer erspäht, kommt man zur Mündung des Sees, und ich verabschiede mich vom Rhein und verspreche ihm, dass wir uns in Altenrhein wieder sehen.

Das Restaurant »Konzil« bietet Saiblinge vom Grill an, ich möchte nach fast einem halben Jahr wieder ein paar Euro ausgeben, um an die alte Normalität anzuknüpfen; bis mein Zug fährt, reicht es aber nur für eine heiße Schokolade im Café neben dem Bahnhof. Ich muss auf einem Zettel meine Adresse angeben, damit man mich erreichen kann, wenn sich doch noch jemand angesteckt haben sollte, bezahle 2.50, setze mich allein an ein Tischchen und vergesse beinahe, meine Schutzmaske abzunehmen, bevor ich den ersten Schluck trinke.

18.6.2020

5

Die erste Überraschung im Bus nach Altenrhein ist die Markthalle Staad von Hundertwasser, die farbenfroh und verheißungsvoll aus dem Industriegrau auftaucht wie ein Gelächter inmitten des Bruttosozialprodukts.

Der Fußweg von Altenrhein zum Rheinspitz geht an verbotenen Zonen vorbei, die dem Artenschutz vorbehalten sind, grüne Auenwiesen, aus denen sich einzelne Bäume wie in Savannen emporrecken. An die Mündung des alten Rheins schließt sich eine Hafenlandschaft an, ein Parkplatz für Segelschiffe und Motorboote. Gerade sucht sich ein Boot, das mit »Atlantic Adventure« angeschrieben ist, in der vorgeschriebenen Geschwindigkeit von 5 km/h seinen Platz.

Die Rheinmündung wurde vor über hundert Jahren zweigeteilt, in einen Kanal auf der österreichischen Seite, und in den alten Rhein auf der Schweizer Seite.

Es ist keine Strömung zu erkennen, es sieht aus, als ob dem Fluss der Einlass in den See untersagt wäre. Eine riesige Skulptur mit einer Schaufel symbolisiert den Fußacher Durchstich im Jahr 1900; weiter vorn, wo der Rhein schon in den See übergeht, grasen drei schottische Hochlandrinder, die sich im Schatten eines Weidenbaums vor der Sonne schützen.

Der Wanderer wird nun auf einen Weg durch den Wald neben dem Rhein und seinen Totarmen und Tümpeln geschickt, Vogelrufe ertönen, Frösche quaken, ein Fotograf lauert mit der Kamera auf einer kleinen Brücke, die er erwartungsvoll auf das Wasser gerichtet hat. Ich mag ihn nicht mit der Frage »Worauf warten Sie?« stören, die mich als Dilettanten entlarven würde, und husche mit einem leisen Gruß an ihm vorbei.

Stille und Ruhe gibt es nur drüben auf der zeitlosen Seite. Auf meiner Seite findet das 21. Jahrhundert statt; vom nahen Flugplatz Altenrhein her knattert ein Propellerflugzeug, das sich lange nicht zum Start entschließen kann, dann marschiere ich plötzlich neben der Autobahn her, auf der die Mobilität wie eine alte Krankheit wieder ausgebrochen ist. Es mehren sich nun die Seniorengruppen auf tadellos ausgerüsteten Fahrrädern mit dicken Reifen, meistens radelt ein

Mann an der Spitze, und manchmal erscheinen wie Boten aus einer anderen Zeit ein paar Reiter.

Ein junges Paar kauert am Wegrand, über ein Velo gebeugt, und der Mann fragt mich, ob ich ein Sackmesser habe. Selbstverständlich habe ich eins, kann ihm sogar den passenden Schraubenzieher ausklappen, mit dem er das arg verbogene Schutzblech demontieren kann. Er habe es mir angesehen, sagt der Mann leicht scherzhaft, aber im Kern heißt es doch, dass ich aussehe wie einer aus jener Zeit, in der die Männer noch ein Taschenmesser mit sich trugen.

Zu meinem Erstaunen gibt es in Rheineck einen Schiffssteg, es ist die Endstation der Schifffahrtsstrecke Rorschach-Rheineck, und da sitzen sie wieder, die aus der anderen Zeit, und warten gruppenweise auf das nächste Schiff, das sie nach Rorschach bringen soll.

Die unvermeidliche heimatkundliche Informationstafel erzählt mir, dass Rheineck der Umschlagplatz war für Waren, die auf dem Wasserweg von Chur nach Süddeutschland unterwegs waren, für Baumstämme aus den Bündner Wäldern auch, die für den Transport zu Flößen zusammengebunden wurden. Meine Großmutter, die in Sisseln weiter unten am Rhein aufgewachsen war, hat mir oft von den Flößern in ihrem Dorf erzählt, einem Beruf, der rauhe Burschen mit harten Fäusten anzog – sie hat dann einen Weber geheiratet, der für seine Arbeit feine Finger brauchte.

Triumphierend erhebt sich am Hang oben Walzenhausen, mit einem überhohen Kirchturm, wie mir scheint.

Wieso kann ich nicht einfach an all diesen Tafeln vorbeigehen – muss ich denn lesen, dass die Österreichisch-Ungarische Donaumonarchie mit der Schweiz 1892 einen Staatsvertrag abgeschlossen hat, in dem sich die Schweiz verpflichtete, sich um den Endausbau des alten Rheins zu kümmern? Und muss ich wirklich wissen, dass die Schweiz mit diesen Arbeiten erst im Jahre 2005 begann?

Ein Naturschutzgebiet löst das andere ab, Eselschwanz heißt eines, in dem früher, das heißt noch in meiner Lebenszeit, Kies abgebaut wurde. Teiche, Wasserarme, Schilfufer und Auenwälder verwirren den Wanderer, der plötzlich das Gefühl hat, er gehe neben einem zweiten Rheinarm. Unbeirrt folgt er jedoch den gelben Zeichen, bis er kurz vor 12 Uhr am Bahnhof St. Margrethen eintrifft. Er fragt die Asiatin, welche den Bahnhofkiosk bedient, nach einer Apfelschorle, und sie reicht ihm eine Rolle Abfallsäcke.

Als er das Zeichen für Trinken macht, zeigt sie ihm den Getränkeautomaten gleich neben ihm, der zwar keine Schorle anzubieten hat, aber ein köstlich gekühltes Getränk, von dem die Werbung sagt, dass es die Sportler trinken.

23.6.2020

6

Zehn Wochen habe ich den Rhein unbesucht fließen lassen, war den Sommer über in den Bündner Bergen, wo ich gleich am Anfang auf dem Abstieg von meinem Hausberg einen zu großen Schritt über einen geladenen Kuhzaun nahm und das Gleichgewicht verlor. Noch heute macht mir die gesamte Muskulatur meines Oberkörpers schwere Vorwürfe über den Sturz am steilen Grashang. Ich versuchte sie mit Physiotherapie und Akupunktur zu beschwichtigen, gestern war ich bei einem Osteopathen, und heute riskiere ich wieder einen längeren Gang, denn die Füße blieben zum Glück unbeschädigt.

Leicht finde ich in St. Margrethen den Weg zurück zum Rhein, er geht über eine Passerelle, welche die Autobahn überquert, und dann steht man auf einem Uferweg, allerdings habe ich einen größeren Fluss in Erinnerung, das hier ist höchstens ein Rheinlein. Ein Blick auf die Karte zeigt mir, es ist der Rheintaler

Binnenkanal, der aber auch zur Rheinfamilie gehört, ein Neffe vielleicht. Er eilt beflissen nordwärts, als erwarte ihn dort eine Aufgabe, zu der er nicht zu spät kommen darf. Der Kirchturm gegenüber steht schon im Ausland, in Lustenau im fernen Österreich.

Zwischen Kanal und Wanderweg verläuft, wie mich orange Signalschilder wissen lassen, unter dem Boden eine Gasleitung; einmal erhebt sich ein kleines Gehäuse am Wegrand, es ist mit »Dispatch« angeschrieben – heißt das nicht Auslieferung? Ob man hier mit einer leeren Gasflasche etwas Ostschweizer Gas anzapfen kann? Auf der rechten Seite des Wanderwegs heult, durch eine begrünte Mauer abgeschirmt, die Autobahn. Das Wäldchen, durch das der Weg führt, gewährt nur optischen Schutz.

Bei einem Blick über die Grenze sehe ich ein Gelände, das vollgestellt ist mit Satellitenschüsseln in verschiedenen Größen, alle gegen den Schweizer Himmel gerichtet. Was könnte dieser wissen, das der österreichische Himmel nicht weiß?

Dann werde ich durch den untrüglichen gelben Wegweiser über eine Brücke geschickt, hinter einem kleinen Damm öffnet sich eine Wiese, die vor Kurzem noch überschwemmt gewesen sein muss, und durch das nasse Gras ersteige ich den großen Damm, hinter dem sich Vater Rhein talwärts wälzt. Er hat nichts mehr mit dem Binnenkanal zu tun, die Kraft seiner Strömung lässt erahnen, dass mit ihm nicht zu spaßen ist. Noch vor drei Tagen war dieser Weg wegen der ungewöhnlichen Regenfälle im Alpenraum gesperrt, das schlammbehangene Gestrüpp, die Asthaufen und Baumteile, die von den Bergen hergetragen wurden, liegen nicht nur auf der Uferschräge des Damms, sondern oft mitten auf dem ausgetretenen Fußweg; die Wiese, die sich hinter dem Damm entlangzieht, ist zum Teil immer noch vertümpelt.

Und nun öffnet sich auch der Blick in die Weite des Rheintals, am Horizont erkenne ich die drei Schwestern, welche die Skyline des Fürstentums Liechtenstein bilden.

Ein Reiher erhebt sich vom Damm, zieht einen Bogen über mich und lässt sich auf der Wiese neben einem andern Graureiher nieder, um die beiden sammelt sich eine Schar Möwen. Die Autobahn hat sich inzwischen vom Rhein entfernt, dafür erinnert nun ein starker Geruch nach Dünger an das 21. Jahrhundert.

Ich erschrecke, als ich vor dem gegenüberliegenden Ufer jemanden hinabschwimmen sehe. Was für eine unangemessene Kühnheit! Ein zweiter Blick zeigt:

Es ist ein Hund, der in bedingungsloser Treue einen Stock in der Schnauze hält, den ihm sein Meister in die Fluten geworfen hat. Er findet der Strömung zum Trotz wieder einen Ausstieg, schüttelt sein nasses Fell und legt den Stock seinem Herrn zu Füßen. Das Lob, mit dem er überschüttet wird, ist bis zu mir herüber zu hören.

Ich nähere mich einer Brücke, über die bis in die 50er Jahre die Lokalbahn von Heerbrugg nach Diepoldsau gefahren ist. Der Stahlkonstruktion sieht man den früheren Gebrauch an, obwohl längst eine Autostraße hinüberführt. Sie ist noch heute unter dem Namen Trambrücke bekannt, und als ich über die Wiese hinübergehe und zum Anfang der Brücke hinaufsteige, komme ich oben zu einem überwachsenen Schmalspurgleis, neben dem ein Zeichen für einen unbewachten Bahnübergang steht mit der Warnung »Achtung – Zug hat Vortritt!«.

3.9.2020

7

Mit der Freude dessen, der eine Überraschung bereit hat, zeige ich meiner Frau beim Aussteigen aus dem Bus an der Haltestelle Wiesenrain Zoll das Warnsignal für den längst verstorbenen Zug, und nach dem Überqueren der Wiese und dem Ersteigen des Dammes den Rhein, als sei ich für seinen Auftritt verantwortlich.

Er scheint mir etwas weniger gewaltbereit als vor einer Woche, obwohl die Spuren seines Wütens immer noch sichtbar sind, Schwemmholz bis hoch an die Krone des Damms hinauf, in Fließrichtung gebeugte Erlenbüsche, in denen Fetzen von blauen Plastiktüten hängen. Aber seine Macht ist ja auch eingedämmt, schon im 19. Jahrhundert hat man mit den Erziehungsmaßnahmen für den ungebärdigen Fluss begonnen, und heute ist er über lange Strecken ein Kanal, durch Steinbrocken auf beiden Seiten gebändigt.

Der alte Rhein ist eine stillgelegte Wasserschlaufe, ein Bauch an der Landesgrenze, der die Schweiz auf der Landkarte nach Osten wölbt. Hier war im 2. Weltkrieg eine der letzten Möglichkeiten für jüdische Flüchtlinge, in unser Land zu kommen, mit Hilfe von Hauptmann Grüninger von der St. Galler Kantonspolizei, der auch dafür sorgte, dass sie vom Sekretär der jüdischen Gemeinde St. Gallen falsche Papiere erhielten. Der Hauptmann musste dies mit Degradierung und Entlassung büßen und wurde erst nach seinem Tod äußerst zögerlich von der Landesregierung rehabilitiert. Der Verstoß gegen die Dienstvorschrift wog schwerer als die Rettung von Menschenleben.

Vergeblich versuche ich, den domestizierten Rhein nicht langweilig zu finden. Kanäle *sind* langweilig, und ich bin froh, kann ich meiner Frau wenigstens einen Graureiher bieten, der sich von der Böschung erhebt und mit schweren Flügelschlägen dem andern Ufer zustrebt. Heute ist der 11. September, die Menschen, die beim Anschlag auf die Twin Towers in New York ums Leben kamen, wären wohl dankbar gewesen um einen langweiligen Tag, und die Menschen, die am selben Tag des Jahres 1881 vom Bergsturz in Elm begraben wurden, ebenfalls.

Die etwas rätselhaften orange gestrichenen Haken oder Eisenringe, die in die Böschungssteine eingelassen sind, erweisen sich als Befestigungselemente für angeschwemmte Baumstämme, die man vertäut und damit am Weiterschwimmen hindert.

Der Himmel ist bewölkt, die Sonne schimmert langsam durch, hinter Diepoldsau öffnen sich die Wolken, und die Zacken einer Bergkette in Vorarlberg kommen zum Vorschein.

Wir entschließen uns, nach Kriessern abzubiegen, wir durchqueren ein Wäldchen, danach wirbt ein Plakat in der Wiese vor einem Bauernhof für einen SVP-Kandidaten, es stehen Gemeinderatswahlen an. Im Garten eines stattlichen Chalethauses steht ein Bobschlitten, dessen beide Sitze zu Blumenbeeten umgewandelt wurden, ich erinnere mich, dass ich in der Liste bekannter Rheintaler Persönlichkeiten auch den Namen eines Bob-Weltmeisters gelesen habe. Ob das der Schlitten ist, mit dem er vor Jahren dem Sieg entgegengerast ist und der jetzt ein beschauliches Alter als Blumenkiste erlebt?

Der Gang zur Bushaltestelle zieht sich unerwartet in die Länge, wie früher auf Schulreisen, es fährt nur ein Bus jede Stunde von Kriessern zum Bahnhof Altstätten. Es gehört zu den Wundern unseres Landes, dass er pünktlich um die Ecke biegt, und es gehört ebenfalls zu den Wundern unseres Landes, dass es sich der Chauffeur leisten kann, vor einer Bäckerei kurz anzuhalten, uns wie Kindern zu versichern, er käme gleich wieder, sich ein Sandwich kauft und nachher in etwas schärferem Tempo weiterfährt, sodass wir pünktlich in Altstätten eintreffen und den Zug besteigen können, der uns direkt nach Oerlikon bringt.

11.9.2020

8

»Corona-Zahl!« ruft fast gebieterisch ein Mädchen aus einer Schulklasse, die ich soeben überholt habe und die manierlich in Zweierkolonne ging. Nun haben die Kinder, wie ich beim Zurückblicken sehe, die Straße etwas wirblig überquert, sind zu einem fröhlichen Haufen geworden und werden von ihrer Mitschülerin an die geltende Leitzahl erinnert. Sofort gehen sie wieder zu zweit nebeneinander.

Ich bin von der Bushaltestelle Kriessern unterwegs zum Rheinufer, komme an gepflegten Einfamilienhäusern vorbei, ein selbstständiger kleiner Rasenmäher stößt an einem Hydranten am Gartenrand an, fährt etwas unwillig so weit zurück, bis ihm ein Bäumchen Einhalt gebietet, worauf er sich wieder ins Landesinnere seines Hoheitsgebiets begibt. Für den sauberen Schnitt der Ränder muss wohl doch noch eine Rasenkantenschere her.

Ich steige vom ersten Damm auf die Überschwemmungswiese hinunter, erklimme von dort den Hauptdamm und begrüße den Rhein wie einen alten Bekannten. Er ist seit der letzten Woche nochmals ruhiger geworden und fließt fast geräuschlos, nur ab und zu ist ein kleiner Gluckser zu hören. Eine Stunde nach meinem Aufbruch setze ich mich unter eine Brücke, um einen Schluck Wasser zu trinken und ein paar Dörrfrüchte zu essen. Hier lässt der Fluss das Rauschen hören, das man eigentlich von ihm erwartet, schuld sind die Pfeiler, vor denen sich das Wasser etwas staut, bevor es geteilt wird. Etwas weiter oben hat man die Sockel einer früheren Brücke stehen lassen, welche offenbar den Anforderungen des Grenzverkehrs nicht mehr genügte.

Zwei Männer zersägen einen riesigen Baumstamm neben dem Damm. 19 Meter hoch sei er gewesen, sagen sie, und ich versuche mir vorzustellen, wie er durch das Hochwasser getrieben wurde wie ein Torpedoboot. Früher war das Schwemmholz ein wichtiger Rohstoff für die Armen, und nach starken Regenfällen standen sie am Ufer und versuchten, mit Ankern wie mit Harpunen einen Baumstamm zu treffen, heranzuziehen und an einem der Haken in den Böschungsfelsen festzubinden. Das werde heute noch als eine Art Sport betrieben, lese ich auf einer der zahlreichen Belehrungstafeln, und ich erinnere mich an die festgemachten Stämme, die ich letzte Woche sah.

Fast auf jeder Tafel, an der ich vorbeikomme, erwarten mich Wörter, die ich noch nie gehört habe, Trittsteinbiotop, Schlickflächen, Mittelgerinnewuhr. Diese sei wichtig für die Tierwanderungen von Nord nach Süd, der Fischadler finde hier einen Lebensraum, oder der Kampfläufer. Unter den Pflanzen, die ich an der Böschung und auf dem Damm sehe, fällt mir die Nachtkerze auf, die Wegwarte, der Sommerflieder und der Natterkopf, den ich schon mehrmals in meinem Garten anzusiedeln versuchte, ohne Erfolg, wahrscheinlich fehlt mir ein Trittsteinbiotop. Ich pflücke etwas Thymian und einige Kleeköpfe für mein Picknick.

Ein Reiter, der sich anschickt, mich zu überholen, ruft mir schon von Weitem »Hallo!« zu, wahrscheinlich um mich nicht zu erschrecken, aber auch im eigenen Interesse. Erschräke ich, erschräke vielleicht auch sein Pferd. Ich frage ihn, wozu die halbhohen Säulen dienten, die nun den Dammweg wie Alleebäume zu säumen begannen. Darin seien Vermessungsgeräte, welche allfällige Bewegungen des Dammes registrierten, sagt er mir. Man traut ihm also nicht, dem

Rhein, oder man traut ihm die Kräfte eines Riesen zu, der, sollte ihm danach zumute sein, ohne Weiteres imstande ist, Felsbrocken zu verschieben.

Es wird nun so heiß, dass ich mein Hemd ausziehe und mich zu einer Rast in den Schatten einer weiteren Brücke setze. Die leichte Biegung, welche der Rhein jetzt macht, wirkt nach der schnurgeraden Strecke geradezu elegant, und als ich die nächste Brücke zwischen der Schweiz und Österreich sehe, beschließe ich, den heutigen Abschnitt zu beenden und zum Bahnhof Oberriet zu gehen.

Es gelingt mir, dem Getränkeautomaten eine gekühlte Apfelschorle zu entlocken, im Zug nach St. Gallen setze ich mich ganz nach vorn, damit ich meine Maske unbeobachtet im Rucksack lassen kann, und packe vier Brötchen aus, die ich gestern Abend bei einem Apero nach einer Lesung in der Kantonsschule Zofingen mitgenommen habe.

Ein ganzer Saal maskierter Schülerinnen und Schüler hatte mir zugehört und nachher Fragen gestellt, die mich überraschten. Wann haben Sie das letzte Mal geweint? Vor einer Woche, an der Trauerfeier für meine Schwägerin, als ihr Mann den Brief vorlas, den sie an ihn und uns alle geschrieben hatte. Was ist Ihr Rezept für das Glück? Bei sich selber bleiben, den

Kontakt mit den eigenen Wünschen nicht verlieren, nicht verlernen, sich am Einfachen zu freuen.

Ich trinke meine Apfelschorle, zerreibe den Thymian und verteile ihn zusammen mit den Kleeköpfen auf meine Zofinger Brötchen, und bin glücklich.

18.9.2020

9

Vor zwei Monaten habe ich den Rhein in Oberriet verlassen. Heute bin ich zu ihm zurückgekehrt. Vieles ist passiert seither. Ich konnte eine Anzahl von Lesungen vor maskiertem Publikum abhalten, bis klar wurde, dass wir schon bis zu den Knien in der zweiten Pandemie-Welle standen; die roten C's auf meinem Jahreswandkalender, mit welchen ich die wegen Corona gestrichenen Veranstaltungen markierte, gewannen wieder die Oberhand. In Amerika wurde ein neuer Präsident gewählt, doch der alte bleibt immer noch wie ein Gespenst im Weißen Haus hocken.

Zwar werde ich schon wieder aufgerufen, zu Hause zu bleiben, doch mit einer Maske wage ich mich trotzdem in den schwach besetzten Zug nach Altstätten, denn andererseits wird ja das Bewegen in der frischen Luft durchaus empfohlen. Als ich in Oberriet aus dem Bus steige, liegt ein so dichter Nebel über dem Dorf, dass ich nach einer Weile zwei Männer fragen muss, ob ich auf diesem Sträßchen zum Rhein komme. Sie bestätigen mir dies, und so stehe ich nach einer Viertelstunde beim Zollgebäude vor der Brücke nach Österreich.

Gerne wäre ich heute auf der anderen Seite weitergewandert, doch in Österreich gilt seit vorgestern ein strenger Lockdown, und meine übelste Fantasie ist, dass ich von einer Grenzpatrouille aufgegriffen werde, die mich, weil ich aus dem Risikoland Schweiz komme, in eine zehntägige Quarantäne in Feldkirch schickt, und wenn ich danach in die Schweiz einreise, werde ich, weil ich aus dem Risikoland Österreich komme, in eine zehntägige Quarantäne in Buchs geschickt und würde von diesem Ausflug erst nach drei Wochen zurückkehren.

Ich gehe also vom Zollhaus zum Damm, blicke auf den Rhein hinunter und habe das Gefühl, er stoße die ganzen Nebelschwaden aus, jedenfalls sehe ich das andere Ufer kaum. Ich begrüße den Fluss, entschuldige mich bei ihm für meine lange Abwesenheit und nehme meinen Marsch auf.

Das Geheul der Autobahn begleitet mich, man hat sie so nahe wie möglich an den Rhein gebaut. Ein kleiner Wald zu meiner Rechten erweist sich als bepflanzte Brücke, die den Tieren zur Überquerung der Autobahn zugedacht ist, für Menschen ist der Zugang verboten. Erst als ich über eine Treppe vom Damm auf den tiefer gelegenen Fußweg hinabsteigen kann, wird der Lärm gedämpft, und ich höre von Zeit zu Zeit ein leises Gurgeln des Wassers, wenn es sich an einem Uferstein bricht und einen Wirbel bildet.

Eine braune Verfärbung des Wassers, die vom andern Ufer bis in die Mitte dringt, zeigt an, dass ein Nebenfluss in den Rhein mündet, eine kleine Kiesbank in dessen Delta ist gerade noch zu erkennen.

Die Textur des Nebels wird nun lichter, und der Blick auf weitere Kies- und Sandbänke wird frei, zum Teil liegen sie als Inseln in der Flussmitte und zwingen das Wasser, sich für den einen oder den andern Weg zu entscheiden. Auf einer Inselspitze sehe ich eine Gruppe von Reihern, und der Wasservogel, der sich neben ihnen aufrichtet und heftig seine Flügel bewegt, muss ein Kormoran sein.

Eine Tafel neben dem Fußweg fordert mehr solcher Inseln im wohlkanalisierten Rhein, eine Forderung, der ich mich ohne Weiteres anschließen kann.

Auf einer Sandbank hat jemand aus Steinen ein großes Herz zusammengefügt. Wieso bin ich sicher, dass es einer Frau gilt?

Durch den Himmelsschleier gibt sich nun als fahle Scheibe die Sonne zu erkennen, und der Rhein beendet seine Nebelbildung. Über einem Wolkenband erscheint auf einmal wie eine Kulisse zu einem Heimattheater der Hohe Kasten.

Von einem Dorf namens Lienz habe ich noch nie gehört, aber es hält eine Bushaltestelle für mich bereit, mit dem Versprechen, mich nach Buchs zu bringen.

18.11.2020

10

In Lienz steige ich, von Buchs kommend, aus dem Bus aus, in den ich vor einem Vierteljahr eingestiegen bin und gehe zum Rhein hinunter.

Es wäre die letzte Gelegenheit, ein kleines Stück am österreichischen Ufer entlangzugehen, aber neuerdings verlangt Österreich bei einem Grenzübertritt einen Corona-Test, der nicht älter als 72 Stunden sein darf. Ich konnte mich zwar inzwischen impfen lassen, weiß aber nicht, ob das genügen würde und verzichte darauf, das Einreiseformular aus dem Internet herunterzuladen, und auch mein Impfbüchlein mit den zwei entsprechenden Einträgen lasse ich zu Hause. Als ich einen Reiter und eine Reiterin von drüben über die Brücke kommen sehe, bedaure ich es schon fast, sie sind so unbürokratisch unterwegs auf ihren Pferden.

Doch da ist er wieder, der Rhein, es ist ihm völlig gleichgültig, auf welcher Seite ich ihn begleite, er lässt sein Wasser unermüdlich auf der Landesgrenze strömen, gurgeln und rauschen. Immer wieder sucht er seinen Weg zwischen Kiesbänken oder kleinen Kiesinseln hindurch, auf denen oft Enten stehen, die sich von Steinen kaum unterscheiden. Manchmal bilden sich auch Wassersackgassen, entweder in der Fließrichtung oder auch in der Gegenrichtung, gelegentlich ist sogar eine Wasserwaage zu sehen, auf der sich Möwen ruhig im Kreis herum tragen lassen.

Das Wasser hat einen bräunlichen Farbton, wohl von der langsamen Schneeschmelze in der Höhe. Alle Bergketten ringsum sind noch weiß, während es hier unten Frühling wird. Aber weiter oben braucht es nur um ein paar Grad wärmer zu werden, und der zu Wasser gewordene Schnee wird die ganze Kiesgeografie überfluten.

Als ich nach einer guten Stunde die nächste Rheinbrücke erreiche, packe ich die Gelegenheit beim Schopf, mich doch noch ins Ausland abzusetzen und marschiere, von Grenzformalitäten unbehelligt, unter der gehissten blauroten Flagge mit der Krone im oberen Feld nach Liechtenstein hinüber. Ich schicke meiner Frau ein Foto mit dem Satz »Bin im Fürstentum!«, und sie schreibt zurück »Uff, und ich war im Estrich. Danke für die fürstliche Nachricht.«

Der Rhein sieht vom hiesigen Ufer nicht anders aus. Auch hier liegt der Uferweg im unteren Bereich des Damms, und auf der Krone verläuft ein geteerter Weg, der vor allem von den Radfahrern benützt wird, die meisten davon in roten T-Shirts, tief über ihre Lenkstangen gebeugt, als übten sie für ein Zeitfahren. Ein Satz von Gerhard Meier kommt mir in den Sinn: »Wenn sich des Jahres erster Radrennfahrer im Training auf der Straße zeigt – dann ist Frühling.«

Ob auch schon gedüngt wird? Irgendetwas kontaminiert den Flussgeruch. Ich steige zu einem Bänklein neben dem oberen Dammweg hoch und sehe auf der anderen Seite die Abwasserreinigungsanlage der 11 Liechtensteiner Gemeinden. Auf der alles erklärenden Tafel buhlen Wörter wie Nachklärbecken, Überschussschlamm oder Klärgasanfall um meine Aufmerksamkeit. Am besten gefallen mir die Schneckenpumpen. Kleine Rauchschwaden steigen aus einigen der Becken auf. Der Reinigungseffekt wird mit 97 % beziffert. Auf dem Radweg weitergehend sehe ich unten den Auslauf in den Rhein. Das geklärte Wasser vereinigt sich mit dem Fluss und ist noch kurze Zeit zu erkennen. Die Schaumkrönlein sind wahrscheinlich die ungereinigten 3 Restprozente.

Auf einem Heidekraut am Wegrand tummeln sich

die ersten Hummeln. Die Sonne scheint nun so stark, dass ich in ein Waldstück hinter dem Damm ausweiche und fast eine Fußgängerbrücke übersehen hätte, welche Liechtenstein mit der Schweiz verbindet. Eine elegante Konstruktion, die noch nicht auf meiner Karte eingetragen ist. Ich beschließe, meine Wanderung in Buchs auf der andern Seite zu beenden und gehe über die Brücke. In der Mitte ist ein Schild angebracht »Schweiz Liechtenstein« mit einem senkrechten Trennstrich in der Mitte. Am Geländergitter haben sich darum herum wie ein Bienenschwarm lauter Schlösser angesammelt, von Menschen, die sich Liebe schworen, den Bügel des Schlosses zwischen zwei Drahtmaschen des Gitters schoben und dann den Schlüssel in den Rhein warfen.

Angesichts von so viel Liebe muss ich an die vielen Scheidungen und Trennungen denken und stelle mir vor, dass manchmal nachts einer mit einer Metallsäge kommt, um im Schein einer Taschenlampe unter üblen Verwünschungen das Schloss wieder aufzusägen. Einfacher wäre es allerdings, von Anfang an eine Kopie des Schlüssels aufzubewahren, für alle Fälle.

25.2.2021

11

Fast hätte ich ihn übersehen, den kleinen Bunker hinter einem Gebüsch, als ich auf die Grenzbrücke nach Liechtenstein zugehe, ein Zwergbunker, der hier tapfer seit Kriegsende ausharrt, um die Schweiz zu verteidigen, sollte sich ein Feind vom Fürstentum her anschleichen.

Im Ausland angekommen, steige ich sofort zum Rheinweg hinunter und setze meine Wanderung, die ich vor einem Monat hier unterbrach, fort. Ich habe angesichts des angesagten sonnigen Wetters den kalten Wind unterschätzt und muss mir nach einer Weile mein Halstuch über den Kopf und unters Kinn binden, setze dann meine Mütze wieder auf und geh der Sonn' entgegen. Der Wasserstand ist niedriger als beim letzten Mal, das Wasser hat einen lehmfarbenen, schmutziggelben Ton, dazwischen glitzert es aber in silberner Fröhlichkeit, wenn es über eine kleine Stromschnelle getrieben wird. Das Flussbecken hat etwas Verspieltes, der Rhein mäandert hin und her zwischen Kiesbänken und Sandinseln, bleibt aber brav in dem ihm zugewiesenen Areal zwischen den beidseitigen Verbauungen aus Felsblöcken.

Auf dem Uferweg sind wir unter uns, der Rhein und ich, die nahe Autobahn ist nicht mehr zu hören, nur die Fließgeräusche, das Gurgeln, Glucksen und Strudeln des Wassers; der Blick auf die Welt geht in die Ferne, zu den Bergen hinauf, die das Rheintal säumen, aber die unmittelbare Nachbarschaft wird durch den hohen Damm abgeschirmt. Auf einer der hartnäckigen Orientierungstafeln habe ich inzwischen gelernt, dass dieser »Hochwuhre« genannt wird und in einer zweiten Etappe der Rheinverbauung aufgeschüttet wurde. Ich gehe einen der Wege hoch, und sehe zu meiner Linken Vaduz. Ich bin also in der Hauptstadt, das fürstliche Schloss auf dem Hügel oberhalb ist nicht zu übersehen.

Ich komme am Fußballstadion vorbei, es ist mit einem dichten Netz gegen die kleine Straße abgeschirmt, damit man nicht gratis bei einem Spiel zuschauen kann. Allerdings gibt es mehrere kleine Löcher, wohl mit Taschenmessern herausgeschnitten, auf Kinderhöhe, wie mir scheint. Die fürstliche Familie kann zu den Fenstern ihres Schlosses hinaus direkt auf das Spielfeld blicken und mitverfolgen, ob es ihrer Mannschaft gelingt, sich vom letzten Platz der schweizerischen Super League emporzuarbeiten. Fernsehübertragungswagen versperren den Weg zum Rhein, heute steht ein Freundschaftsspiel gegen Wil bevor. Vorsichtig gehe ich durch das Gras den steilen Abhang hinunter, um wieder näher beim Rhein zu sein.

Auf einem Pfahl prangt eine angeschnittene Kugel, ein Modell der Sonne, in deren Inneres man schauen kann. Es beginnt hier ein Planetenweg, der durch die liechtensteinischen Realschulen errichtet wurde. Die Distanzen zwischen den Planeten unseres Sonnensystems sind maßstäblich aus dem Weltall auf Fußgängerdimensionen heruntergebrochen, und über jeden Planeten erfährt man das Wichtigste auf einer Begleittafel und wird darauf vorbereitet, wie weit es bis zum nächsten ist.

Die Erde, erfahre ich auf dem Planetenweg, ist nicht, wie ich bis anhin annahm, eine Kugel, sondern ein Rotationsellipsoid. Auf der Hinfahrt las ich ein Interview mit einem Flacherdler, der die Mondlandung für einen Schwindel und die Erde für eine Scheibe hält. Da ist die Realschule Vaduz anderer Meinung. Vom Saturn zum Gasriesen Uranus sind es 1453 m, ich schaue auf die Uhr und lege die Strecke in 18 Minuten zurück, damit dürfte ich es ziemlich genau auf die alte Wegstunde von 4,8 km geschafft haben. Bei Pluto angekommen, ist klar: Ein Gang durch Liechtenstein ist auch ein Gang durchs Weltall, Liechtenstein gehört zum Universum.

Wer das Universum regiert, ist umstritten, aber in Liechtenstein ist ab heute, das lese ich erst am nächsten Tag in der Zeitung, eine Regierung am Ruder, die mehrheitlich aus Frauen besteht.

25.3.2021

12

In der Halle des Hauptbahnhofes patrouilliert ein bärtiger Hüne mit einem Zylinder, auf dem ein Plakat mit der Aufforderung aufgeklebt ist *Steckt euch eure Masken in den Arsch!* Ich behalte meine Maske auf, steige in den Schnellzug nach Sargans und nehme dort den Bus in Richtung Feldkirch. Als er am ehemaligen Erzbergwerk Gonzen vorbeifährt, werde ich daran erinnert, dass ich dieses schon lange besichtigen wollte. Vom Werkgebäude führen Gleise einer Eisenbahn bis zum geheimnisvollen Tor des Eingangstunnels.

Wie aus dem Märchenbuch erhebt sich das Schloss auf dem Hügel oberhalb Balzers. Vielleicht müsste man eine schwere Aufgabe lösen, wenn man an der Zugbrücke um Einlass bäte, und ich bin ohnehin mit dem Rhein verabredet und steige von der Haltestelle *Sportplätze* die Treppe hinunter zu einem Wäldchen, vor dem ein großes rotes Schild ein Morchelverbot ausspricht, also ein Verbot, Morcheln zu pflücken, bei Androhung einer Buße von 100 Franken. Unwillkürlich lasse ich im Weitergehen die Blicke über den Waldboden schweifen, ob die verbotenen Pilze schon irgendwo ihre Köpfe aus dem Boden strecken.

Ich höre die erste Mönchsgrasmücke dieses Jahres und sehe sie auch, in einem blätterlosen Strauch, mit ihrem schwarzen Käppchen. Neben einer Fabrik, in der Helikopter hergestellt oder gewartet werden, erreiche ich den Kamm der Rheinverbauung. Grau kommt er daher heute, der Rhein, etwas missmutig fast, unterfordert durch die ständige Kanalisierung. Vom Schweizer Ufer dröhnt die Autobahn, ein starker Wind bringt die Planen der Lastwagen zum Flattern, das gibt ein Knattern wie Trommelwirbel, dazu der Singsang der Motoren, manchmal glaube ich, Kirchenglocken zu hören. Auf dem Sträßlein kommt mir ein Auto entgegen, hält an, zwei Männer in grellen gelben Arbeitsanzügen steigen aus, einer hält eine Kamera vors Gesicht und fängt an zu fotografieren, in meine Richtung, da überlagert ein neues Geräusch den Autobahnlärm. Ein Helikopter lässt an einem Seil einen Behälter in den Rhein hinunter, füllt ihn dort mit Wasser, fliegt weiter und sprüht das Wasser auf das Feld hinter dem Damm. Auf meine Frage sagt mir einer der beiden Männer, sie prüfen, ob der

Löschvorgang funktioniere. Ich bin beruhigt, dass er funktioniert und dass nicht ich gelöscht werden muss.

Der Wind ist nun so heftig und kalt, dass ich mich wärmer anziehen muss. Statt der Schirmmütze setze ich die Wollmütze auf, aber die Windjacke ließ ich des sommerlichen Wetterberichts wegen ausnahmsweise zu Hause. Die Zeitung hab ich im Zug in Sargans liegen gelassen, ich habe nur noch die zwei Papiersäcke vom Morgencroissant und vom Mozzarella/Tomaten-Sandwich. Das Croissant hab ich gegessen, das Sandwich parkiere ich in mein Ess-Täschchen um, zerreiße die beiden Papiersäcke und stopfe sie mir in mein Hemd, zusammen mit einer Plastiktüte. Die Wirkung ist erstaunlich, eine Schutzschicht für die Windabwehr. Die Sonne hat den unteren Rheinuferweg noch nicht erreicht, und so sehe ich dort meinen Schatten mitlaufen, ein Wassergänger.

Bald muss die Landesgrenze kommen, ich bin gespannt, wie sie markiert ist. Das Sträßlein endet in einem Parkplatz; auf der ungeteerten Fahrstraße, auf der ich nun gehe, liegt ein kleiner Steinblock quer auf dem Weg und hält Autos von der Weiterfahrt ab.

Das Rauschen der Autobahn wird langsam durch das Rauschen des Rheins verdrängt, weiter vorn sind richtige Stromschnellen zu sehen, das Wasser springt über die Flussschwelle hinab, als wolle es für den Rheinfall üben. Ein großer Baumstamm wartet mitten in den Wellen oberhalb des Gefälles auf das nächste Hochwasser, damit er weiterschwimmen kann. Der Weg wird zum Fußpfad, man muss durch einen wilden Wald in die Höhe steigen, und beim Herunterkommen warnt ein Schild vor dem Ufergelände, *Betreten auf eigene Gefahr, Der Gemeindevorstand Fläsch.* Fläsch liegt in der Schweiz, ich habe also den Grenzübergang verpasst. Vielleicht war es der kleine Fels auf der Straße? Ich denke an all die grausamen Grenzen, die ich schon gesehen habe, die Grenze zur DDR mit ihren Wachtürmen, die Berliner Mauer, die Mauer zwischen Israel und Palästina, den verminten Grenzzaun zwischen Nord- und Südkorea, und freue mich über die Grenze zwischen der Schweiz und Liechtenstein, die als solche überhaupt nicht zu erkennen ist.

Zu meiner Linken erstrecken sich nun die Fläscher Auen, ein Naturschutzgebiet, dahinter erheben sich die Felswände des Regitzer Spitzes, zu meiner Rechten fließt der Rhein, und ich gehe durch einen Waldweg, der von den Bäumen fast überdacht wird, bis zur Brücke, die mich zum Bahnhof Bad Ragaz bringt.

31.3. 2021

13

Ich bin etwas zu früh am Hauptbahnhof und sehe eine elegante Zugkomposition mit stromlinienförmiger Lokomotive auf Gleis 9 stehen, die über Sargans nach München fährt, und zwar einige Minuten früher als der reguläre Schnellzug nach Sargans, und da bei diesem die Umsteigezeit für den Anschlusszug nach Bad Ragaz sehr knapp ist, setze ich mich in den Zug nach München. Der löst sein Versprechen auf Geschwindigkeit aber nicht ein, sondern fährt immer langsamer, bleibt schließlich kurz vor Ziegelbrücke stehen und wird dort zu meinem Erstaunen von einem andern Schnellzug überholt, dem regulären nach Sargans und Chur, der geradezu höhnisch an mir vorbeiflitzt. Das verstehe ich nicht, und etwas verärgert über meinen Fehlentscheid komme ich zu spät in Sargans an, doch ein paar Minuten danach fährt ein Bummler nach Bad Ragaz weiter, wo ich eine Viertelstunde später als vorgesehen aussteige.

Eigenartig, dass man sich über eine verlorene Viertelstunde ärgern kann, aber es ist wohl eher die Demütigung, als vermeintlicher Kenner des öffentlichen Verkehrs den falschen Zug genommen zu haben. Zielstrebig gehe ich zum Rhein, der mich mit einem hellen Rauschen empfängt. Die Brücke, unter der ich durchgehe, weil ich am Ragazer Ufer bleiben will, verdoppelt das Rauschen, das Wasser ist eisgrün, und der Wind, der mir ins Gesicht bläst, ist eiskalt. Darauf bin ich diesmal vorbereitet und habe die dicke Windjacke samt Wollmütze und Handschuhen angezogen.

Gestern und vorgestern fiel Schnee bis in die Niederungen, das Licht blendet, ich schütze meine Augen mit der Sonnenbrille, auch gegen den Wind. Die Uferböschungen sind verschneit, und von den Bäumen, die den Weg säumen, fällt ab und zu eine Handvoll Schnee, die sofort in der Luft zerstiebt. An den zahlreichen Birken sprießen schon winzige grüne Blättchen. Letzte Woche gab es noch keine. In der Ferne ist der Turm eines Hochhauses zu sehen, als wachse er direkt aus dem Rhein in die Höhe.

In das Rauschen des Flusses schiebt sich nun unüberhörbar dasjenige der Autobahn, und aus diesem Mix ergibt sich ein Frühlingslärm voller Bewegung und Unternehmungslust. Ab und zu setzt eine Motorsäge am andern Ufer einen Akzent.

Das Ufer, an dem ich entlangmarschiere, versucht Ruhe zu bewahren, immerhin ist Bad Ragaz ein Kurort, fast alle hundert Meter lädt eine Bank zum Sitzen ein, die Aufschrift *villagespa* verspricht Rehabilitation und Erholung, mit dezentem Vergnügen gepaart.

Der Weg auf dem Damm ist breit, in den Schneeresten auf beiden Seiten sind Pfotenspuren von Hunden zu sehen, die Besitzerinnen kommen mir in lockeren Abständen entgegen.

Ein dunkelhäutiger Mann, der einen Kinderwagen vor sich herschiebt, joggt keuchend an mir vorbei und ruft mir »Grüezi!« zu.

Der Rhein hat es eilig, er lädt immer wieder kleine Zuflüsse ein, mit auf die Reise zu kommen.

Das Gehölz zu meiner Rechten heißt Sarelliwald, ein Name, der eher an einen Zirkus als an einen Wald erinnert. Vielleicht machen hier Grauschnäpper, Mittelspechte und Baumläufer akrobatische Kunststücke.

Aus einer Röhre ergießen sich unter mir große Wassermassen donnernd in den Rhein, sie kommen aus einer Elektrizitätszentrale weiter hinten, um sich nach getaner Arbeit vom Rhein in den Bodensee tragen zu lassen.

Über mir fließt ihr Produkt, durch mächtige Hochspannungsleitungen, die sich ebenfalls die Nähe des Rheins als Verkehrsweg ausgesucht haben.

Das Hochhaus in der Ferne ist nun immer höher geworden. Auf einem Pfad, der durch Gestrüpp überwachsen wird, kämpfe ich mich zur Tardisbrücke hinauf und sehe erst nachher die bequeme Treppe auf der anderen Seite.

Vor und hinter der Brücke verstärken Stromschnellen das Rauschen des Flusses und drängen die Geräusche der Autobahnausfahrt zurück.

Im Zug nach Zürich, der gleichzeitig mit mir im Bahnhof Landquart eingetroffen ist, lese ich Geschichten, die mir für ein Erzählseminar zugesandt wurden, das ich morgen per Zoom abhalten soll. Ich werde wohl auch einmal sagen, dass ich alles für erzählenswert halte, auch einen Rheinspaziergang von Bad Ragaz nach Landquart.

8.4.2021

14

Um Viertel vor neun Uhr in Landquart aus dem Schnellzug von Zürich ausgestiegen, gehe ich durch die Bahnhofunterführung, an deren Ende mich ein riesiges Plakat mit dem Versprechen »SHOPPING IDYLLE IN DEN BÜNDNER BERGEN« in den *Fashion Outlet* locken will. Ungerührt überquere ich auf einem Fußgänger- und Radsteg die Landquart, einen beachtlichen Fluss mit bräunlich-weißem Gletscherwasser, lese auf einem mächtigen Gebäudeklotz »LOGBAU – *Lösungen, die das Leben begleiten*«, bleibe dann bei einem Kreisel in der Nähe der Autobahnausfahrt stehen und wundere mich, wie viele Lastwagen unterwegs sind, *Galliker Transport, Käppeli Logistic, Schmalz & Schön, Cargo Grischa, Malbuner*, VOLG *Im Dorf daheim, mooh*, ein Zisternenwagen samt Anhänger, in denen Schweizer Milch schwappt, sie alle arbeiten am Bruttosozialprodukt, nur ich stehe nutzlos am Straßenrand, wenn auch nicht ziellos, denn ich will wieder ein Stück am Rhein entlanggehen. Auf der Mitte der Tardisbrücke halte ich an und blicke flussaufwärts zu den Stromschnellen. Der Fluss ist zweifarbig, auf der linken Seite erinnert er sich bräunlich an die Landquart, auf der rechten strömt er grünlich daher, ein Reisender, der sich durch den unerwarteten Zustrom nicht aus der Ruhe bringen lässt.

Mastrils heißt das Dorf am Ende der Brücke, wo ich vom Wanderwegweiser zuerst ein Stück bergauf geschickt werde, an einer schmucklosen kleinen Kirche vorbei mit der verblassenden Schrift über dem Eingang

Seid aber Täter des Wortes

Und nicht Hörer allein.

»Täter des Wortes« klingt fast kriminell, so, als tue jemand der Sprache etwas an, zum Beispiel mit dem Ausdruck »Shopping Idylle«.

Dort, wo der Weg zum Rheinufer hinuntergehen sollte, steht eine Warntafel, der Weg sei ab Hirschau wegen Überschwemmungsschäden nicht begehbar, und man solle über Tristeli, Löser weitergehen. Das ist eine Enttäuschung, denn ich habe dieses Rheinufer gewählt, weil mir meine Karte einen Weg durch Wälder am Fuß von Abhängen versprach.

Ich gehe also eine Straße hinauf, die mit Tristeliweg angeschrieben ist, bis ich zur Wanderweg-Abzweigung komme, an der auch ein Briefkasten für ein Hunde-paradies steht. Als ich weitergehe, höre ich von weiter unten ein empörtes mehrstimmiges Hundegebell aus dem Paradies. Es dauert eine Weile, bis ich merke, dass das Gebell mir gilt, drei Hunde blicken in ein-trächtiger Abweisung zu mir hinauf und schicken mich weiter.

Von hoch oben sehe ich nun, welche Formen der Fluss annimmt, er lässt Raum für eine große Insel, die man über Sand und Schlick zu Fuß erreichen könnte, viele kleinere Inseln zeigen mit ihren Sand-bänken ebenfalls einen niederen Wasserstand an, aber die Warntafel lässt keinen Zweifel, dass der Rhein, der sich scheinheilig zwischen den Inselchen durch-schleicht, bei Hochwasser ein ganz anderer ist.

Nun komme ich doch noch in den Genuss eines wilden Waldstücks, aus welchem ich ein Büschel Bär-lauch für das Risotto von heute Abend mitnehme, und erreiche schließlich kurz vor Untervaz wieder den Rhein, der hier fast majestätisch daherkommt und in großer Ruhe das ganze Flussbett ausfüllt.

Durch ein lichtdurchflutetes Wäldchen marschiere ich auf dem Wuhrweg weiter. Rechts von mir erscheint bald ein industrieller Turm, aus dem Kiesbrocken auf ein Förderband fallen, das nun neben mir her rumpelt. Gemeinsam bewegen wir uns auf die nächste Brücke zu. Kurz davor trennen sich unsere Wege, die Steine wandern ins Kieswerk, ich zum Bahnhof Untervaz-Trimmis RhB. RhB heißt Rhätische Bahn, ein Zeichen, dass ich endgültig in Graubünden angekommen bin.

27.4.2021

15

Ob es eine Haltestelle bei der Rheinbrücke gebe, frage ich in Trimmis den Buschauffeur des Postautos, das mit Untervaz angeschrieben ist, und er verneint erstaunt und sagt mir, da müsse ich zu Fuß gehen. Nach drei Minuten verstehe ich sein Erstaunen, da ich bereits bei der Brücke bin, über die ich vor einem Monat herüberkam. Ich vergaß, wie nahe der Bahnhof beim Rhein liegt, oder vielleicht müsste ich sagen, mein Gedächtnis wies diesem Umstand keinerlei Wichtigkeit zu. Zu viel anderes passierte in dieser Zeit. Lesungen vor einem kleinen Publikum wurden nach halbjährigem pandemischem Schweigen wieder erlaubt, ich las in Stäfa am Zürichsee, in Gottlieben am Bodensee und auf dem Niesen in einem Schneesturm, sagte aber eine Lesung in Salzburg wegen der ungewissen Corona-Lage bei der Rückkehr ab; ein Freund aus der Kantonsschulzeit starb an einem Pankreaskrebs, ich besuchte ihn noch am letzten Tag seines Lebens, und am Morgen danach kam unser drittes Enkelkind zur Welt. Da kann einem schon mal ein Engramm abhandenkommen.

Der Rhein aber fließt weiter, ihn kümmert kein Menschenleben und -sterben, seine Hingabe gilt der Schwerkraft, seine Freude ist das Gefälle, sein Ziel ist das Meer, und er durcheilt ungerührt die schwerfälligen Bauten industrieller Arbeit, die sich in Übergrößen hinter dem Gehölz an seinen Ufern erheben.

Der Rheinwanderer schlägt einen zügigen Schritt an, angetrieben gleichermaßen vom harschen Wind und vom konstanten Brummen der Autobahn, das ihm manchmal vorkommt, als sei es sein eigener Motor. Er wundert sich über den zunehmend verwunschenen Pfad, der ihn ganz in die Nähe des Ufers führt, in eine Welt, die mit derjenigen, deren Regeln hinter dem Wald gelten, nichts mehr zu tun hat. Eine Tafel warnt ihn davor, die Kiesbänke und Halbinseln zu betreten, da hier überaus seltene Vogelarten nisten wie der Regenpfeifer und der Flussuferläufer.

Einmal hat er es verpasst, auf dem vorgesehenen Weg über die Dammkrone weiterzugehen und gelangt zu einer Art Pfadfinderdörfchen, mit steinzeitlichen Hüttenunterständen aus Schwemmholz und dem Versuch eines Ofens, mit Steinregalen, auf denen man Fladenbrote backen kann. Die Sehnsucht, ein Leben fernab von den Bildschirmen unseres Zeitalters zu leben, und sei es nur für einen Nachmittag, rührt mich, ich meine den Wanderer, der ich bin und der eigentlich mit seinen Fußmärschen dasselbe sucht. Erhebt er jedoch seinen Blick, sieht er hinter den Baumwipfeln die Propeller eines gewaltigen Windknechtes, die sich mit einem Ernst drehen, der keinen Zweifel an ihrer Nützlichkeit zulässt.

Derweil gurgelt und rauscht der Energiekonkurrent zu seinen Füßen, einmal wartet er mit einem gewaltigen Felsblock in seiner Mitte auf, der den Fluss für kurze Zeit zweiteilt. Das Wäldchen, das kleine Heimlichkeitsrefugium. Wo früher hinter einer Sitzbank gebrauchte Kondome lagen, hängen heute weggeworfene Atemschutzmasken im Gebüsch. Die Hochhäuser von Chur schleichen sich in den Horizont, Kantonshauptstadt und Bischofssitz senden ihre Sprachboten aus: an der Haldensteiner Brücke merke ich, dass der Weg, auf dem ich herkam, *Dornenäuliweg* hieß, aber ab jetzt heißt er *Rheinpromenade*.

Diese verlasse ich bei der nächsten Brücke, folge einem Fußweg, der durch ein Feld führt, bei dessen Durchquerung man mit einer Buße von Fr.20.– bis zu Fr.100.– bedroht wird, wie das Kreisamt Chur am

5. Juni 1964 auf einem altersgebeugten Schild fest-
hielt. Ich widerstehe der Versuchung, aus dem Ge-
treide ein paar Kamillenpflanzen zu pflücken, steige
bei einer Haltestelle mit dem rätselhaften Namen
Scawoba in einen Bus, der mich zum Bahnhof bringt
und freue mich schon auf die erneute Durchquerung
des verbotenen Getreidefeldes in der Gegenrichtung
zum Rhein, der immer mehr zu einem Freund wird.

27.5.2021

16

Auf der Reise nach Chur lese ich die Unterlagen zur nächsten eidgenössischen Abstimmung und staune wieder einmal, wie viel Kenntnisse uns unsere Landesregierung zutraut, wenn wir über ein Gesetz entscheiden müssen, in dem Sätze stehen wie: »Der Bundesrat kann zur Gewährleistung einer ausreichenden Versorgung der Bevölkerung mit wichtigen medizinischen Gütern Ausnahmen von der Zulassungspflicht für Arzneimittel vorsehen oder die Zulassungsvoraussetzungen oder das Zulassungsverfahren anpassen.« Ich komme nur langsam vorwärts und weiß bis Chur, dass ich die beiden Volksinitiativen für sauberes Trinkwasser und für eine Schweiz ohne Pestizide sowie das Covid-19-Gesetz annehme. Die beiden Volksinitiativen werden, das weiß man schon jetzt, abgelehnt werden, das Covid-19-Gesetz, gegen welches das Referendum ergriffen wurde, wird hingegen angenommen werden.

Das Studium des CO2-Gesetzes nehme ich mir für den Rückweg vor, der vollständige Gesetzestext nimmt 37 Seiten in Anspruch. Ich weiß allerdings bereits, dass ich zustimmen werde.

Was ich noch nicht weiß, ist, auf welchem Ufer des Rheins ich meine Wanderung fortsetze, doch die Frage wird vom Calanda beantwortet, dem Churer Hausberg, dessen Felswände so steil in den Fluss abfallen, dass auf seiner Seite kein Platz für einen Uferweg bleibt. Stattdessen lädt die Rheinpromenade zur Begehung ein; nach der Mündung der Plessur, dem wuchtigen Gebirgsbach, der sich hier, aus Arosa kommend, dem Rhein ergibt, verengt sie sich langsam wieder zu einem Fußweg durch einen Auenwald.

Einer steht mit einem Feldstecher mitten auf dem Weg und schaut zu den Felsen am anderen Ufer. »Sehen Sie etwas?«, frage ich ihn, und er sagt: »Ja, einen.« Ich frage: »Hirsch? Wolf?« Er nuschelt etwas vor sich hin, das ich als »Nürf« verstehe, und als er auf meine Nachfrage nochmals »Nürf« sagt, erinnere ich mich daran, dass ich mich schon lange wegen eines Hörapparats anmelden sollte, denn was ein Nürf sein könnte, weiß ich nicht. Eine Wildkatzenart vielleicht, eine Missgeburt aus Luchs und Nerz?

Der Rhein ist wohltuend laut hier und übertönt die nahe Autobahn. Kleinere und größere Felsbrocken behindern seinen ungestümen Lauf.

Den nächsten Mann, der auf einer Bank sitzt und durch seinen Feldstecher hinüberschaut, frage ich, ob er die Vögel kenne. Ja, ein bisschen schon, sagt er, und ich zeige auf ein Gebüsch, aus dem ein wunderschöner, kehliger Gesang dringt, der mir völlig unvertraut ist, doch da sagt er sofort, nein, die Stimmen kenne er nicht. Ob er etwas sehe, frage ich ernüchtert. Ja, sagt er, drei Soldaten beim Klettern. Wenigstens kein Nürf.

Der Weg quert nun den Waffenplatz Chur, das Gatter, das bei Schießübungen geschlossen ist, steht offen. Wenig später stehe ich bei einer mit Gittern abgesperrten Brücke, vor deren Betreten ich durch eine Verbotstafel gewarnt werde. Es handle sich hier um militärisch bewachtes Gebiet, der Truppe stehen Polizeibefugnisse zu, und sie mache im äußersten Fall von der Schusswaffe Gebrauch. Das möchte ich vermeiden und gehe unauffällig weiter. Der Hang gegenüber, das fällt mir erst jetzt auf, ist mit Signalen markiert, er dient offensichtlich als Zielgelände der Schießübungen. Die Wölfe, die seit ein paar Jahren am Calanda hausen, werden wohl durch die Detonationen tiefer in die unwegsamen Wälder getrieben, der Nürf auch. Oder *das* Nürf?

In Felsberg, das ich nach einer Weile erreiche, lege ich einem befreundeten Paar, dem ich einen Überraschungsbesuch machen wollte, einen Holdersirup ins Paketfach des Briefkastens, nachdem sich auf mein Klingeln niemand meldet. Unser Holderbaum im Garten hat beim schweren Schneefall im Januar stark gelitten, dicke Äste brachen unter der Last, ein geknickter Hauptstamm musste ganz abgesägt werden, aber trotzdem öffnen sich noch reichlich Blüten, von denen ich wie jedes Jahr als Sommerzeichen meinen Holdersirup brauen kann.

Beim Weitergehen kommen mir Wanderinnen und Wanderer in Zweier- oder Dreiergruppen entgegen, einen davon kenne ich. Er hat unter dem Titel »Klimaspuren« eine Wanderung von Ilanz nach Genf organisiert, mit Besuchen verschiedener klimafreundlicher Projekte, heute ist der dritte Tag, ich habe das Programm auch erhalten und schäme mich ein bisschen, dass ich in der Gegenrichtung unterwegs bin. Er erzählt mir die Geschichte, wie ein Regenpfeifer vor Bundesgericht Recht bekam und deshalb ein Wanderweg weiter weg von seinem Nistplatz gebaut werden musste.

Mein Wanderweg steigt nun langsam an, unten wird der Rhein von einem Flusskraftwerk gestaut, vom andern Ufer grüßt die EMS-Chemie, die man sich nicht ohne die Besitzerfamilie Blocher denken kann, welche zur ausreichenden Versorgung der Bevölkerung mit konservativem Gedankengut beiträgt.

Von einem wunderbaren Feld mit rotem Mohn, blauen Kornblumen und weißen Wicken mache ich ein Foto, bevor ich das Dorf Tamins erreiche, das mit seinem Schloss und den schönen Häuserzeilen fast kleinstädtischen Charakter hat, fülle am Brunnen des Postplatzes meine Flasche mit Wasser auf und nehme dennoch weiter unten in Reichenau einen Schluck aus einem Brunnen, auf dem in verblassender Schrift *Cleven* und *Bellenz* als mögliche Ziele angeschrieben sind, Chiavenna und Bellinzona also.

Der Rhein aber, der Rhein gesteht mir hier, dass er sich eigentlich aus zwei Rheinen zusammensetzt, dem Vorderrhein und dem Hinterrhein, die an dieser Ecke zusammenfließen und sich sozusagen verdoppeln. Von der Brücke aus, die zum Bahnhof führt, schaue ich in das große Strudeln beim Felsvorsprung hinunter.

Welchen Rhein werde ich für die Fortsetzung meines Ganges auswählen?

3.6.2021

17

Es ist ganz klar, mich zieht es in die Schlucht.

Zunächst gehe ich bergauf nach Tamins, biege dort nach links ab, der Weg führt, begleitet von den ohrenbetäubenden Geräuschen des Kieswerks auf dem anderen Ufer, Schritt für Schritt wieder zum Rhein hinunter, zum Vorderrhein also. Langsam lasse ich den Steinlärm hinter mir, und nach einer Weile sind wir nur noch zu dritt, der Fluss, die Rhätische Bahn und ich.

Müsste ich das Wasser malen, ich würde es mit der grauen Farbe versuchen, vielleicht mit einem Hauch grün und braun gemischt. Die Flussoberfläche wirkt zerzaust und verwirbelt, der Rhein hat etwas hinter sich und versucht mit einer gewissen Eile davon wegzukommen. Er rauscht und gurgelt, aber je enger das Tal wird, desto ungewöhnlicher werden seine Geräusche, manchmal ist mir, als höre ich ihn husten oder als habe er den Schluckauf. Seine Annäherungsversuche werden von den Felsen zurückgewiesen, aber er lässt nicht locker, er hört nicht auf, gegen sie anzurennen, schließlich hat er sich im Lauf der Jahrtausende einen Weg eingerichtet, der keinen Widerspruch duldet. Zwei Hochwasserzeichen, die an einem Felsblock angebracht sind, zeigen mir, dass ich z. B. im Juli 1987 da, wo ich gerade bin, unter Wasser wäre. Würde ich in 100 000 Jahren wiederkommen, wäre vielleicht der Riegel, auf dem ich stehe, unterspült oder gänzlich herausgebrochen, und das Trassee der Rhätischen Bahn wäre aufgegeben und ein paar hundert Meter hangaufwärts verlegt worden. Im Moment läuft es aber direkt neben mir, man begreift hier gut, weshalb das Bündner Schienennetz als Schmalspurbahn geführt wird. Ein Zug aus Disentis taucht auf, ich grüße den Lokomotivführer mit einer Handbewegung, als wäre ich der Bahnwärter Thiel, und der Lokomotivführer erhebt seine Hand und grüßt mich zurück. Dann pflücke ich ein paar Walderdbeeren, die am Bahndamm wachsen. Sie schmecken weit besser als der Schokoladestängel mit 30 % Protein, der mir unter dem Namen »Power Ball« am Bahnhof Zürich von den Sendlingen einer Sportfirma ausgehändigt wurde.

Sich auszudenken, wie die Welt in 100 000 Jahren aussehen wird, ist eindeutig zu viel verlangt von unserer Vorstellungskraft, ich hoffe einfach, dass es dannzumal noch genügend Menschen gibt, welche in der Lage sind, die Endlager mit den radioaktiven Abfällen zu bewirtschaften, die Abfälle jener Energie, mit der die Rhätische Bahn heute durch die Rheinschlucht fährt.

Drei Kajakfahrer treiben nun den Rhein hinunter und versuchen immer wieder, Strudel, Wirbel oder Widerwasser für tänzerische Gegenbewegungen zur starken Strömung auszunützen, um so der Talfahrt mehr Zeit und Genuss abzugewinnen.

Eine Steinschlagwarnung ermahnt mich, auf den nächsten 300 Metern nicht stehen zu bleiben, sondern sie möglichst rasch zu passieren. Ein Blick nach oben zeigt: Hier ist die Erdgeschichte an der Arbeit, und an diesem Hang werden die Veränderungen nicht in Jahrtausenden gezählt.

Als sich der Talboden etwas verbreitert, kommt der Bahnhof Trin in Sicht. Das dazugehörige Dorf allerdings ist nur in einem einstündigen Fußmarsch erreichbar.

In einem kleinen Restaurant kann man sich für den Aufstieg stärken. Es riecht bis zu den Gleisen nach Frittieröl, wohl für die Fischknusperli, die auf einem Menüaushang angeboten werden.

Von hier an bleibt der Rhein eine Strecke weit allein mit der Rhätischen Bahn zusammen, für einen Wanderweg ist kein Platz mehr. Ich muss mich entscheiden, ob ich über eine Hängebrücke auf das andere Ufer gehe und von dort über Versam wieder zum Rhein hinunter will, oder nach Trin hinauf, um später so lange auf der Höhe zu bleiben, bis einem ein Fußweg den Abstieg in die Ruinaultaschlucht erlaubt. Das scheint mir die kürzere Variante zu sein. Kurz vor Trin gibt es eine Postautohaltestelle mit dem wohlklingenden Namen Porclis, die steure ich an und erreiche sie eine Minute, bevor der Bus von Flims kommt und mich nach Chur mitnimmt. Ich warte schon darauf, in Porclis wieder auszusteigen.

9.6.2021

P.S.: Ein aufmerksamer Leser macht mich darauf aufmerksam, dass die Rhätische Bahn seit 2013 mit Strom aus Wasserkraft fährt. Sie ist hiermit exkulpiert, bleibt aber stellvertretend für den Schienenverkehr stehen.

18

Kurz vor 8 Uhr entscheide ich mich auf dem Post-
autoplatz in Chur für den Expressbus nach Laax-
Flims, der erstmals in Trin Mulin hält und Porclis
auslässt. Für heute ist der heißeste Tag der Woche
angesagt, und je früher ich die Wanderung begin-
nen kann, desto besser. Auf dem Fernsehmonitor im
Postauto erfahre ich nach der Nachricht, Putin werde
heute Nachmittag zum Gespräch mit Biden in Genf
eintreffen, dass der Mensch das einzige Säugetier ist,
das scharfes Essen mag. Vielleicht ist es ganz gut, sich
bei einem Gipfeltreffen daran zu erinnern, dass der
Mensch ein Säugetier ist.

An der Haltestelle Trin Mulin warten kleine Säuge-
tiere auf den Bus nach Trin, wo sie wohl zur Schule
gehen. Mit fröhlichen Rufen rennen sie um das
Haltehäuschen herum. Entgegen meiner Erwartung
ist es so kalt, dass ich den Pullover anziehen muss.
Der Wanderweg nach Versam führt zuerst an einem

schäumenden Bergbach entlang, ich schaue mich nach einer Mühle um, welche den Ortsnamen einlöst, sehe aber nur ein Elektrizitätsgebäude.

Hinter mir, oberhalb des Dorfes, erhebt sich der gewaltige Felsriegel Crap da Flem, der Flimserstein, Schutz und Bedrohung zugleich. Vor ein paar tausend Jahren löste sich hier der größte Bergsturz in der Geschichte der Schweizer Alpen; er verursachte die pittoresken Formen der Rheinschlucht, zu der ich hinuntersteigen will. Durch Bergwiesen mit Bächen von allerklarstem Wasser und durch Wälder mit gebührenpflichtigen Parkplätzen für den Crestasee geht es zu einem Weiler, der noch zu Trin gehört. Vor einem Stall wachsen zu meinem Erstaunen große Mengen von Wildspinat. Er ist auch unter dem Namen Guter Heinrich bekannt, und ich glaubte eigentlich, es gebe diese Pflanze erst in einer Höhe von über 1000 Metern. Gerne bereite ich sie als Vorspeise in etwas Öl und Knoblauch zu und pflücke mir ein paar Blätter davon für einen Apero, mit dem ich meine Frau heute Abend überraschen will. Der Stall verwandelt sich in ein Haus, und ich grüße einen bärtigen Mann, der auf einer kleinen Veranda sitzt und in einem Buch liest, das nur die Bibel sein kann. Sein ernster Blick hat etwas Prophetenhaftes. Die Biker, die mir ab und zu entgegenkommen, sind bemüht, mich freundlich zu grüßen, sie werden, wie ich später sehe, auf Schildern aufgefordert, die Wandernden nicht zu belästigen. Die Auseinandersetzungen zwischen Fußgängern und Bergradfahrern nähmen zu, hört man immer wieder, was mich nicht verwundert. Der Wanderer, meditativ gestimmt, liest sozusagen in der Bibel der Landschaft und sieht sich plötzlich von schwitzenden Outdoor-Abenteurern mit Puls- und Tempomessern an den Handgelenken umschwirrt.

Mit dem Aufgehen der Sonne steigt die Temperatur, und auf einer Bank ziehe ich die langen Hosen aus und die kurzen an und packe den Pullover wieder in den Rucksack. Der Rand der Bergschulter, auf der Trin und Flims liegen, ist nun erreicht, und der Fußpfad stürzt sich in die Tiefe, durch die sich der Rhein schlängelt. Zum ersten Mal auf meiner Wanderung benutze ich den Teleskopstock, um die Talschritte etwas abzufedern.

Unten angekommen, begrüße ich den Rhein, bin aber nicht sicher, ob er mich sieht. Auf jeden Fall schenkt mir die Rhätische Bahn ihre Aufmerksamkeit, denn als Anhang zur Eisenbahnbrücke ist ein kleiner Steg angebracht, auf dem ich den Fluss überquere.

In ein Tal hinunterzusteigen ist das Gegenteil einer Bergtour. Erinnerungen werden wach, an das Grand Canyon in den USA, oder, zu den bizarren Fels-formationen hinaufblickend, an das Bryce Canyon, an dessen Abhängen sich lauter von Felskappen ge-krönte Sandsteinpyramiden erheben. Da wir aber in der Schweiz sind, erwartet mich nach kurzer Zeit ein Bahnhof, Versam-Safien, und ich fahre mit dem nächsten Zug nach Chur.

Dort treffe ich im Café Maron die Herausgeberin eines Buches mit Übersetzungen meiner Texte ins Rätoromanische, das im Herbst erscheinen soll. Wäh-rend unseres Gesprächs erwähnt sie, dass ich vor Jah-ren in einem Interview auf die Frage, welches mein Lieblingswort im Rätoromanischen sei, geantwortet habe, *pietigot*. Ein Abschiedswort, das aus dem Schweizerdeutschen eingebürgert wurde: »Bhüet di Gott!« Das habe ich seither vergessen und rufe es ihr nun zu, als ich nach einer Stunde über die Straße in die Bahnhofsunterführung auf den Zug nach Zürich haste.

16.6.2021

19

Die Reise von unserm Ferienort Avers in Graubünden
nach Versam in Graubünden ist etwa gleich lang wie
die von Zürich. Umgestiegen wird in Andeer, Thusis
und Reichenau-Tamins, aber um Viertel nach zehn
können wir vom Bahnhof Versam-Safien aufbrechen.
Farbige Kanus werden dort zuhauf ein- und aus-
geladen, und bis der Zug wegfahren kann, sind wir
ihm schon ein paar Schritte voraus. Ich habe meiner
Frau ein Stück Rheinschlucht versprochen, und dafür
brauchen wir nicht unbedingt Sonnenschein.

Am Anfang dieser Woche ist in der Nacht von
Montag auf Dienstag ein apokalyptischer Gewitter-
sturm über Zürich hinweggezogen, die Blitze folg-
ten sich im Sekundentakt, mir schien, sie vereinigten
sich mit dem permanenten Donner zu einem großen Tanz des Wetterleuchtens vor unsern Fenstern,
an welche die Hagelkörner prasselten. Böen schüt-
telten die Bäume, und am nächsten Morgen wurde

der öffentliche Verkehr in der ganzen Stadt durch heruntergerissene Fahrleitungen und entwurzelte Bäume gedemütigt.

Hoch kommt er, der Rhein, etwas bräunlich, die anhaltenden Regenfälle der letzten Tage brachten ihm neben der Zufuhr von Wasser aus den Wildbächen wohl auch eine Zufuhr von Erde und Kies. Diese hat sich weiter talwärts so verstärkt, dass in Basel die Rheinschifffahrt für mindestens zehn Tage eingestellt werden musste.

Man darf ihn nicht unterschätzen, diesen Fluss, der hier in juvenilem Übermut durch die Schneise schießt, die er sich in etwas mehr als zehntausend Jahren geschaffen hat. Er kann etwas, der Bursche, und – passt auf seine Launen auf, wenn er erwachsen wird! Andächtig schauen wir aus der Tiefe zu den gezackten Graten hinauf. Die Höhlen am Abhang sind unschwer als Wohnstätten von Drachen zu identifizieren. Diese sind ausgeflogen und sind als Helfer des Tiefdruckgebiets Bernd in Deutschland unterwegs. Die Nachrichten, die uns von dort erreichen, sind fast nicht zu glauben, über 100 Menschen wurden schon von der Macht des Wassers getötet. Dort unten vermag unser Rhein die nassen Massen nicht mehr zu schlucken, und die Leute ertrinken nicht nur in den Sturzfluten der Nebenflüsse, sondern auch in einer Stadt wie Köln, wo der Pegelstand steigt und steigt.

Hier aber hört man Vergnügungsschreie der River-rafter, die zu Dutzenden in Schlauchbooten durch die Wellen schaukeln, ab und zu sind auch Rufe von einer gewissen Dramatik zu vernehmen, Anweisungen der Bootsführer, die etwa dem Einsatz der Ruder gelten. Ein Auenwald zwischen dem Uferweg und dem Fluss erschwert den direkten Blick, es sind nur vorbei-flitzende Farbflecke zu erkennen, orange vor allem, die Farbe der Schwimmwesten.

Langsam verbreitert sich das Tal, und wir erreichen den Anfang der Schlucht, werden nun von halb-wüchsigen Burschen und Mädchen überholt, die sich später auf dem Delta der Einmündung eines großen Bergbaches zu einem Picknick niederlassen.

Eine Tafel erklärt, wie man dem Rhein sein Ge-schiebe zurückgeben will, ein größeres, nicht leicht verständliches Bauvorhaben, das nach dem letzten Murabgang auf die Schienen der Rhätischen Bahn vor vier Jahren in Angriff genommen wurde.

Mein Bruder und seine Frau kommen uns ent-gegen, sie verbringen in Falera bei Flims einige Sommertage, wir steigen beim Bahnhof in Valendas-Sagogn in ihr Auto, suchen im nahen Ilanz vergeblich einen Briefkasten, der am Sonntag noch geleert wird, und fahren dann zu ihrer Ferienwohnung hinauf, wo wir den Nachmittag nach einem reichen Picknick mit Jassen verbringen.

Auf der Rückfahrt mit dem Postauto gibt es zwei Anblicke, die mich erschrecken. Einmal, zwischen Falera und Laax, öffnet sich der Blick kurz in den Abgrund, in dessen Tiefe man den Rhein schimmern sieht.

Der zweite ist der Anblick von Flims. Ich hatte die Wärme eines alten Dorfes erwartet und traf auf die Kälte einer alpinen Stadt.

17.7.2021

20

Um 6 Uhr hängt die Mondsichel so hoch über unserm Haus, dass ich mich verrenken muss, um sie zu sehen, als ich das Fenster öffne. Ob der Morgenstern daneben die Venus ist? Ein Choral kommt mir in den Sinn, den wir im Jugendchor gesungen hatten, »Wie schön leucht' uns der Morgenstern«, die Melodie ist sofort wieder da, aber schon nach der ersten Zeile weiß ich nicht mehr weiter.

Der Morgen ist von einer unwahrscheinlichen Klarheit. Im Zug nach Chur sehe ich einen Mann über den spiegelglatten Zürichsee gehen, erst auf den zweiten Blick fällt mir das Brett unter seinen Füßen und sein Stehruder auf. Vor Horgen kreuzen sich zwei Autofähren, wie mir scheint mit besonderer Sorgfalt, um den See nicht zu stören.

Am Walensee, diesem nordischen Fjord, ziehe ich Thornton Wilders »The bridge of San Luis Rey« aus dem Rucksack. Ich habe es vor 50 Jahren gelesen, wie ich der Signatur auf der ersten Seite entnehme. Vor Kurzem erschien von Emil Zopfi der Roman »Der Untergang des Delphin«, in welchem er eine Schiffskatastrophe auf dem Walensee im Jahre 1850 beschreibt und anhand der erhaltenen Passagierliste dem Schicksal aller Ertrunkenen nachgeht. Das erinnerte mich an Wilders Buch; ich war damals außerordentlich beeindruckt davon und bin gespannt, ob ich es beim Wiederlesen nochmals bin.

Bei Reichenau trifft der Vorderrhein wie immer seinen Bruder Hinterrhein, das Wasser des Vorderrheins ist wie immer etwas trüber, da es Geröll, Geschiebe und Sand aus der Rheinschlucht mitbringt.

In Valendas steigt außer mir noch eine Gruppe älterer Männer in Wanderausrüstung aus. »Älter« heißt, wie mir immer beim Schreiben wieder auffällt, dass die meisten jünger sind als ich. Ich beeile mich wegzukommen und werde gleich nach dem Bahnhof vom Wald, der den Rhein säumt, aufgeschluckt. Lange gehe ich allein auf dem schmalen Fußweg flussaufwärts, nur vom Geräusch des fließenden Wassers begleitet.

Einmal setze ich mich am Ufer auf einen Stein und esse zwei Zwetschgen von unserm Baum im Garten. Zwei Wildwasserkanuten, mit Schwimmwesten und

Helmen ausgerüstet, treiben an mir vorbei und winken mir zu, ich winke zurück und drehe mich nach ihnen um, als sie mit kurzen, gezielten Paddelschlägen ihren Weg zwischen den starken Wellen einer Stromschnelle weiter unten suchen. Ich bin froh, dass ihnen nichts passiert und ich nicht Augenzeuge werde.

Ab und zu gibt es eine Rastbank, auf einer lasse ich mich etwas später nieder und mache eine Übung, die ich sonst immer in meine Morgengymnastik einbaue. Ich senke meinen geraden Oberkörper bis in die Nähe der Knie und richte mich dann wieder auf. 100 Mal am Tag soll ich das machen, empfahl mir eine Physiotherapeutin nach meinem Sturz vor einem Jahr, was ich kaum je schaffe. Aber jetzt habe ich Zeit und verneige mich 25 Mal vor dem Rhein. Das hat er zugut, finde ich. Immer noch durchströmt er die Schlucht, von deren anderem Ufer mich das schwarze Loch einer Höhle angrinst, über der sich nadelspitze Felszacken erheben. In den ausgetrockneten Runsen dazwischen bröseln sandige Kalktrümmer.

Ist der Vogel, den ich in den Wipfeln des Auenwaldes krächzen höre, ein Flussregenpfeifer, um dessen Schonung durch Nichtbetreten der Flussinseln man auf den Tafeln des Naturschutzes angefleht wird?

Zwischen Castrisch und Ilanz sind vom Fluss her

immer wieder Rufe mit Anweisungen zu hören. Als die Bäume einmal den Blick freigeben, sehe ich zwei Schlauchboote mit mindestens einem Dutzend Passagieren wie Wasserbusse aus Bangkok auf der Fahrt nach Reichenau.

Nach zweieinhalb Stunden erreiche ich Ilanz und rufe einen Schulkameraden an, der hier eine Kinderarztpraxis hatte und seit seiner Pensionierung ein Spital in Haiti betreibt. Ich hätte ihn gerne gefragt, wie es seinen Leuten nach der Ermordung des Präsidenten und dem darauffolgenden großen Erdbeben ergangen ist, aber er ist nicht zu Hause. In zehn Tagen werde ich ihn jedoch bei einem Klassentreffen sehen, dann kann ich ihn fragen.

2.9.2021

21

Eine Frau, die mir mit einem leeren Plastikkübel entgegenkommt, begrüßt mich mit »Bun di«. Ich bin offenbar in einem fremden Land. Der Rhein, an dessen Ufer entlang ich wandere, heißt hier Rein anteriur, der große Wald, den ich wenig später betrete, Uaul grond. Das fremde Land heißt Surselva.

Der Rhein, der in seiner eigenen Sprache strömt, gurgelt und plätschert, wird durch Bäume geschützt. Ein Pfad, der einen zu seinem Ufer zu bringen verspricht, ist mit einer Warnung versehen, man befinde sich in einem Amphibienbiotop. Besatz und Entnahme von Köderfischen sei verboten. Ich schließe daraus, dass es so etwas wie eine Köderfischkriminalität geben muss, von der ich bis jetzt keine Ahnung hatte.

Nach einer Strecke, in der der Rhein nicht einmal zu hören ist, führt der Weg wieder in seine Nähe, eine alte Holzbrücke, mit Schindeln gedeckt, lädt zum

Übergang nach dem schwer aussprechbaren Rueun ein, erlaubtes Höchstgewicht 8 t, ich erschrecke ein bisschen, als ein kleiner Bagger hinüberfährt. Er hatte wohl auf dem großen Werkgelände der Gemeinde zu tun, auf der Altstoffe gelagert werden, von Eternit über Eisen bis Karton, alle durch verschiedene Abteile getrennt.

Der Weg ist mehr als ein Weg, er ist eine sanfte Fahrstraße, die oft von einer alten Mauer gesäumt wird, mit Moos und rostbraunen Flechten überzogen, ab und zu sprießen Farne aus den Ritzen. Etwas an der Fahrstraße ist ungewöhnlich, aber ich weiß nicht was.

Ein Bildstock mit einem modernen Marienbild, zu dem eine kleine Treppe hinaufführt, verrät es mir. Eine Inschrift erinnert daran, dass die Straße während des 2. Weltkrieges von polnischen Soldaten erbaut wurde, die in der Schweiz interniert waren.

Ich bedanke mich in Gedanken bei ihnen, von denen wohl keiner mehr lebt, und hoffe, man habe sie anständig behandelt, woran ich allerdings zweifle. Andere Internierte, wie etwa der Schlagertexter Max Colpet (»Sag mir, wo die Blumen sind«) beklagt sich in seinen Erinnerungen über den absolut militärischen Kommandoton, der in Lagern für Internierte üblich war, der Tenor Joseph Schmidt starb 1942 im

Internierungslager Girenbad, nachdem man ihn aus einem Zürcher Spital als Simulant wieder ins Lager zurückgeschickt hatte, ohne ihn angemessen zu behandeln.

Etwas später komme ich an einem seltsamen Säulenvorbau vorbei, hinter dem in eine Felswand eingelassene Tore zu sehen sind. Auf dem Säulendach wachsen üppige gelbe Blumen. Da nichts angeschrieben ist, kann es fast nur militärischen Zwecken dienen. An einer Absperrkette hängt ein rotes Schild »Durchgang verboten«, darunter der Grund: »Steinschlaggefahr!«

Am Rand einer Wiese zu meiner Rechten ist der kleine Bahnhof Waltensburg/Vuorz zu sehen. Auf dem Wegweiser, der zu ihm hinzeigt, steht auch der Name der Straße, die ich gerade gegangen bin: Via da Polacs, der Polenweg.

Auf der gemähten Wiese blühen die ersten Herbstzeitlosen.

Am unbedienten Bahnhof fordere ich durch einen Druck auf den Stop-Knopf den nächsten Zug in Richtung Chur zum Halten auf, und eine Frauenstimme aus einem Lautsprecher beruhigt mich: »Der Haltewunsch wurde entgegengenommen.« Und als wolle sie mir versichern, dass es sich ab sofort um mehr als einen Wunsch handelt, fügt sie hinzu: »Die Anforderung ist für 15 Minuten aktiv.« Und siehe da, der Zug hält nur für mich.

10.9.2021

22

Ich schneide noch eine Traubendolde mit der kleinen Schere meines Taschenmessers für das Picknick entzwei, lege die abgeschnittene Hälfte in einen leeren Jogurtbecher, verstaue ihn im Rucksack und eile meiner Frau nach, die schon im Treppenhaus steht. Zeitlich bin ich etwas in Rückstand geraten, weil ich meine Wanderapotheke nicht fand und schließlich meine Reiseapotheke mitnahm.

Im Zug nach Chur reibt sie sich das rechte Auge und beklagt sich, dass sie dort irgendeine Reizung habe. Eine Lebensregel, an die ich glaube, lautet: Fast immer, wenn du merkst, dass etwas fehlt, hat es einen Sinn, und sei es nur den, sich etwas anderes einfallen zu lassen. In meiner Reiseapotheke finde ich Augentropfen, die ich in meiner Wanderapotheke nicht dabeigehabt hätte, und kann ihr eine der kleinen Ampullen anbieten.

Düstere Wolken über dem Zürichsee, herbstliche

Klarheit über dem Walensee, zarte Nebel in Waltensburg, wo wir als einzige Passagiere aussteigen, nachdem wir nicht zu spät, aber auch nicht zu früh im Zug den »Halt auf Verlangen«-Knopf gedrückt haben.

Wie ein Wanderleiter kann ich meiner Frau erklären, was es mit der Via da Polacs auf sich hat, die ich erst letzte Woche kennenlernte. Der Rhein ist hinter der Uferbewaldung verborgen, schickt aber ein freundliches Rauschen zum Waldrand hinüber, an dem der Polenweg entlangführt. Zwischen uns und dem Fluss liegen frisch gemähte Wiesen.

Ein sonniger Tag ist angesagt, doch wir sind auf der Schattenseite des Talbodens, und die Sonne bescheint nur den gegenüberliegenden waldigen Hang, während von den Wiesen eine fast eisige Kälte aufsteigt. Ich verspreche meiner Frau, sobald wir in die Sonne kämen, würden wir eine kleine Rast machen, aber es dauert eine ganze Stunde, bis die Sonne durch die Tannenwipfel glitzert und ich die Trauben aus meinem Jogurtbecher holen kann, nachdem wir uns auf einen Steinblock am Wegesrand gesetzt haben.

Die kleinen Mauern, welche die Straße vor dem Hangdruck schützen, dürften gleich alt sein wie wir, und ich freue mich, dass sie ihren Beruf immer noch ausüben können.

Ein weißer Helikopter knattert immer wieder über unsern Köpfen, fliegt ein Stück rheinaufwärts und wendet dann zum Flug rheinabwärts, manchmal verschwindet er hinter den Bäumen, als ob er im Rhein zu landen versuchte. Eine Flugstunde mit einem Helikopterschüler?

Überlebensgroße Hochspannungsmasten transportieren Strom durch das Tal; als wir uns wieder dem Rhein nähern, ahnt man zwischen den Baumlücken ein Elektrizitätsgebäude, aus einem Stollen donnert Wasser in das Flussbett, Wasser, das fast nur Rheinwasser sein kann. Eine große Kartentafel zeigt vor dem Parkplatz des Baus das weitverzweigte System der Elektrizitätsgewinnung durch verschiedene Kraftwerke, die wohl alle durch eine Art Stollenlabyrinth vom Rhein gespeist werden. Er wird also hier oben zur Arbeit in unsern Diensten gezwungen, ein Knecht ist er, den wir doch in der Schlucht als lachenden, krachenden Bergkönig kennengelernt haben.

Was für eine seltsame Einrichtung ist das 11h-Läuten. Soll es die Bauern vom Feld zum Mittagessen rufen?

In Tavanasa frage ich einen einheimisch wirkenden Mann, der vor seiner Werkstatt eine Zigarette raucht, wo genau die Gedenkstätte für die Menschen sei, die 1927 durch einen Bergsturz getötet wurden. Die Frage überrascht ihn, er sei gar nicht sicher, ob es die noch gebe, gibt mir dann aber doch einen Tipp. Aus Arno Camenischs Buch »Der Schatten über dem Dorf« weiß ich, dass sie irgendwo beim Dorfausgang links sein muss, aber bei welchem? Der Mann rennt uns nach und korrigiert seine erste Angabe: Es müsse nach der Brücke links sein. Egal wo sie ist, wir finden sie nicht, und die eigentliche Katastrophe, die der Autor beschreibt, ist der Feuertod dreier Buben, die mit einem Benzinkanister einen halben Wald angezündet hatten und für die es keine Erinnerungstafel gibt. Schöner als eine Tafel ist Camenischs Buch, dank dem mir auch ist, als sei ich schon in diesem Dorf gewesen. Ein Heimkehrer aus der Literatur, erkenne ich das Crusch Alva, das Schulhaus, die Kirche, das Haus, in dem der Dichter aufwuchs.

Gleich neben dem Haus liegt der Bahnhof, wir steigen in den Zug nach Chur und essen ein kleines Picknick. Den Apfel aus unserem Garten kann ich nicht aufschneiden, da mein Sackmesser noch in der Küche in Zürich liegt. Meine Lebensregel vom Fehlen kommt zum Einsatz. Der schärfste Gegenstand, den ich bei mir habe, ist der Schlüssel zu meinem Celloetui an meinem Schlüsselbund. Den bohre ich in den Apfel hinein, ziehe ihn so lange weiter durchs Fruchtfleisch, bis es mir gelingt, den Apfel mit den Fingernägeln in zwei Teile zu brechen.

23.9.2021

23

Als der Zug in Thalwil aus dem Tunnel kommt, sehe ich die graue Faust eines Wolkenriesen tief über dem Zürichsee, bereit, jeden Moment niederzufahren. Das Wasser an der Oberfläche ist fahl vor Schrecken, als warte es auf nichts anderes als auf den Schlag. Dann wird ein Nebelvorhang gezogen, er ist so dicht und undurchlässig, dass sogar der Zug langsamer fährt. Erst kurz nach Sargans sind durch den Schleier die ersten Bergspitzen in der Morgensonne zu ahnen. Auf einmal sind sie ganz da, und du weißt, das wird ein schöner Tag.

Aber kalt ist es, als ich in Tavanasa aussteige, wo ich vor zwei Monaten eingestiegen bin. Was habe ich bloß alles gemacht in dieser Zeit, dass ich den Rhein so lange entbehren musste? Bin ich nicht schon längst im Rentenalter? Ja, in Arztpraxen war ich, wie sich das für dieses Alter gehört, so lange, bis man mich als gesund erklärte und ich mir sagen ließ, ein Lungenemphysem sähe ganz anders aus, an Abschiedsfeiern für verstorbene Freunde war ich, von der Dentalhygienikerin hab ich mir die Zähne scheuern lassen, mit meiner Enkelin hab ich jede Woche einmal Cello geübt, mit meinen Söhnen und meiner Frau hab ich das Leben besprochen und gejasst, Mozarts Streichquintette hab ich mit andern Oldies gespielt, im Opernhaus und im Zirkus war ich, zusammen mit meiner Frau, bei der Filmpremière eines Freundes war ich, bei einer Klimademonstration habe ich meinen »Weltuntergang« vorgetragen, in dem ich 1973 den Klimawandel beschrieb, vorgelesen habe ich, für alte Menschen, also so alt wie ich, für Lehrerinnen, die Deutsch als Zweitsprache unterrichten, für ein normales Publikum in Murnau, Schliersee, Dietikon, Mellingen und Kölliken, meinen neuen Erzählband »Der Enkeltrick« hab ich vorgestellt, in Zürich, Frankfurt, Schaffhausen, Wehr, Herrliberg, für Schulklassen hab ich gelesen, in Avers im Graubünden und in Volkach in Unterfranken, wo ich einen Preis entgegennehmen durfte, interviewen ließ ich mich, von Mädchen, Buben und Zeitungsleuten, bei den rätoromanischen Literaturtagen in Domat hab ich aus dem Bändchen mit Texten von mir gelesen, die ins Rätoromanische übersetzt wurden, hab selbst rätoromanisch geradebrecht, und das alles erforderte Einträge in der Agenda, mit den verschiedensten Partnern habe ich Abmachungen getroffen, nur mit dem Rhein nicht.

Aber jetzt bin ich da, suche den Fußweg am Ufer entlang, der nicht als Wanderweg gekennzeichnet ist, aber laut Karte existiert, die Glocken der Kirche versuchen mich kurz vor zehn Uhr ohne Erfolg in den Gottesdienst zu locken, und als ich die Abzweigung gefunden habe, habe ich auch das Denkmal gefunden, das ich beim letzten Besuch nicht fand. Es ist nicht links der Brücke, sondern rechts davon und steht gleich neben dem Vorbau der früheren Brücke, die durch den Bergsturz zerstört wurde und den man als Mahnmal restauriert hat.

Ich betrete nun das Blatt 256 der Schweizerischen Landeskarte 1:50 000 rechts außen und sehe mit Befriedigung, dass mich der Tumasee, der als Quelle des Vorderrheins gilt, auf derselben Karte links außen erwartet. Da er auf über 2300 Metern Höhe liegt, dürfte ich ihn allerdings erst im nächsten Sommer erreichen. Aber auf ihn zugehen kann ich ohnehin schon mal, so lange es geht. Der Rhein fließt sonntäglich dahin, locker und entspannt, als hätte er einen freien Tag.

Doch es dauert nicht lange, bis er im Streit mit

seinen Alltagsverpflichtungen lärmt, die ihm von der Elektrizitätsgewinnung auferlegt wurden, aus Rohren schießen Wassermassen in ihn hinein, auf der anderen Seite muss er Wasser für einen Kanal abgeben, der ein Ausgleichsbecken nährt. Die Trostlosigkeit des Beckens, dessen Ufer ringsum aus schräg ansteigendem Beton besteht, hat man durch ein Schwanen- oder Enteninselchen mit einer Hütte etwas zu mildern versucht, Wasservögel sehe ich allerdings keine.

Kurzzeitig ist nun auch der Rhein durch eine Staumauer zum See geworden, als der er eigentlich nicht gedacht ist. Die Mittel, die wir mit dem Fluss im Interesse einer optimalen Nutzung seines Energiepotenzials anwenden, reichen von Amputation bis Schönheitschirurgie.

Die Sonne hat den Talboden noch nicht erreicht, sondern segnet nur die Häuser und Kirchtürme hoch oben am Hang, der Wanderer wehrt sich gegen die Bise und die Nullgradgrenze mit allen verfügbaren Kleidungsstücken wie Windjacke, Handschuhe, Schal und Wollmütze und versucht sich an der Schönheit des Rauhreifs, der aus den Bäumen feingliedrige Winterkunstwerke macht, zu erfreuen.

Unterwegs ist kaum jemand, ein einziger Biker strampelt an mir vorbei, und eine dampfende junge

Joggerin mit Kopfhörern kommt mir entgegen und hebt komplizenhaft die Hand.

Als ich mich endlich vor einer Scheune in die Sonne setzen kann, steigen aus der Wiese vor mir feine Nebelschwaden hoch, denen schon Matthias Claudius ihren Namen gegeben hat, der weiße Nebel wunderbar.

In Trun dann dieser eigenartige Ehrenhof für die Größen der surselvischen Kultur, neben der St. Anna-Kapelle, unter einem alten Ahornbaum, der im Gedicht von Gion Antoni Huonder »A Trun sut igl ischi« (in Trun unterm Ahorn) den ersten Bund der Bündner beschirmt. Genau hier soll dieser Bund geschlossen worden sein, vor über 500 Jahren, und die Gesichter der Dichter, in Bronze gegossen, strahlen Trotz und Stolz aus, auf ihre ständig vom Verschwinden bedrohte Sprache, eine dead poets society, vor der ich als living poet meine Wollmütze ziehe.

21.11.2021

24

Kurz vor 7 Uhr geht über dem Zürichsee die Sonne auf und spiegelt sich in einem vollkommen glatten Seespiegel. Auf der Seestraße bewegen sich Autokolonnen langsam in Richtung der Stadt, in der Mitte des Sees kreuzen sich die beiden Autofähren, welche Meilen und Horgen miteinander verbinden.

Etwa so, denke ich, müssen sich die Menschen in der Ukraine den Frieden vorstellen, alles geht in Ruhe seinen gewohnten Gang, die Sonne wird nicht von Rauchwolken verdüstert, die Züge sind nicht überfüllt und bringen die Menschen pünktlich von A nach B, die Autofähren bringen sie und ihre Autos von H nach M und von M nach H. Weder auf Zürich noch auf Thalwil werden Raketen abgefeuert, die vor Einkaufszentren oder Spitälern explodieren, keine Sturmwarnungen blinken an den Ufern des Zürichsees, keine Alarmsirenen warnen vor Luftangriffen, keine Explosionen zerreißen die Stille. Die Silhouetten der Glarner Alpen locken, sportliche Leute in Skiausrüstung sind in den Zug gestiegen.

In »20 Minuten« sagt ein 15-jähriger ukrainischer Schüler, ihm gefielen die Berge hier, aber er möchte so rasch wie möglich wieder nach Hause.

In der NZZ berichtet ein chinesischer Augenzeuge, wie Odessa aus der Luft angegriffen wird. Dort hielt ich vor drei Jahren die Eröffnungsansprache des Literaturfestivals, und es fällt mir schwer vorzustellen, wie Geschosse in diese traumhaft schöne Stadt am Schwarzen Meer einschlagen.

Mein Vorstellungsvermögen wehrt sich so lange wie möglich gegen diesen Krieg, und doch kann ich an kaum etwas anderes denken in diesen Tagen.

Aber ich will ja zum Rhein, den ich seit dem Herbst nur einmal in Basel gesehen habe, wo seine Wassermasse Lastkähne zu tragen vermag, die langsam unter der mittleren Rheinbrücke flussaufwärts fahren, um ihre Ladung im Hafen zu löschen.

Als Jugendlichen möchte ich ihn sehen, der unbekümmert seinem späteren Beruf als Verkehrsweg entgegensprudelt, und als ich in Trun aussteige, zwischen den überraschend herrschaftlichen Häusern den Dorfausgang und nach einer Weile den Rhein erreiche, bin ich gerührt über den Anblick des harmlos plätschernden Bergflusses. Als ob er mir mitteilte, wenigstens auf ihn sei Verlass, hier sei alles in Ordnung. Was immer in der übrigen Welt geschehe, er fließe. Courant normal. Fast hätte ich ihn gefragt, wie es ihm gehe.

Ich habe mich auf Frühlingswetter eingestellt, finde mich aber im Talschatten auf einer halb aufgetauten, halb gefrorenen Langlaufloipe, die dem Winter nachtrauert. Meine kalten Hände unter den Pullover haltend, gehe ich mit großer Vorsicht weiter, oft mit einem Fuß in der Spur, bis ich kurz vor dem Dorf Surrein wieder in die Sonne komme. Alte Männer sitzen auf Bänken vor ihren Häusern. Ich grüße sie mit »Bun di!«, sie nicken mir zu. Der Müllwagen sammelt Abfall aus den Containern. An einer frisch renovierten Kirche wäre ich fast vorbeigegangen, doch dann öffne ich die schwere Tür und gehe hinein.

Drei Barockaltäre erwarten mich, ich bleibe eine Weile stehen, ratlos, dann singe ich »Dona nobis pacem«, die Mutter Gottes und alle Heiligen hören mir zu, die meisten davon sind Folteropfer, einer trägt seinen abgeschlagenen Kopf in den Händen.

Über eine Brücke gehe ich zurück ans andere Ufer, wo die Rhätische Bahn fährt. Ich verabschiede mich vom Rhein, sehe in der Ferne Disentis wie eine tibetische Stadt am Abhang kleben, habe aber beschlossen, es reiche für heute und bestelle in der Ustria da la staziun einen Cappuccino. Die freundliche Wirtin sagt, den mache sie mir, und sie braut mir eigenhändig einen üppigen Kaffee mit reichlich Schokoladepulver auf der Schaumhaube. Mit der Frau in der Küche spricht sie rätoromanisch, ich bin also immer noch im Ausland. Als ich ihr sage, ich müsse auf den Zug, ermahnt sie mich, beim Bahnhof auf den Knopf zu drücken, Sumvitg-Cumpadials sei nur ein Halt auf Verlangen.

Das tue ich. Dann warte ich neben einem Kästchen, auf dem das Wort »Weichenkurbel« steht, bis der Zug kommt, anhält, mich, zwei ältere Frauen und einen jungen Burschen, der mit einem Rollbrett die Straße heruntergesaust kam, einsteigen lässt und dann weiterfährt.

Die braundürren Pappeln zwischen Landquart und Sargans sehen aus wie riesige Morcheln, die in den Himmel wachsen.

23.3.2022

25

In den drei Wochen, die seit meinem letzten Rhein-
gang verstrichen sind, ist der Frühling eingezogen.
Egal, zu welchem Fenster man hinausschaut, immer
wieder Forsythien, Kirschbäume, wilde und zahme,
Osterglocken, Magnolienbäume, Rhododendren in
Blüte, das volle Programm.

Der Rhein, den die Bahn zwischen Sargans und
Bad Ragaz überquert, wirkt mit seiner gräulichen
Farbe etwas blass dagegen.

Im Zug nach Disentis sitzt gleich nach der Tür ein
beleibter Mann in einem gepflegten Anzug, dessen
Rollkoffer das ganze Abteil absperrt, und ist in ein
Buch vertieft. Als ich später während der Fahrt das
WC aufsuche, hat er das Buch hingelegt, um hinaus-
zuschauen, und zu meinem Erstaunen ist es »On the
Road« von Jack Kerouac.

Der Rhein hat in der Rheinschlucht eine bräun-
liche Farbe angenommen.

Vor Sumvitg-Cumpadials drücke ich den »Halt auf Verlangen«-Knopf, der Zug gehorcht mir, ich steige aus und bin on the road. Kurz hinter dem Dorf teilt mir ein unangenehmes Schild mit, der Rheinufer-Wanderweg sei aus Sicherheitsgründen gesperrt und der Durchgang verboten. Die eingezeichnete Ausweichroute ist ganz klar ein Umweg, und erst noch mit einer Steigung verbunden. Nach einigen Gedanken zu Anarchie und Vernunft, begleitet von Überlegungen, auf welche Art meine Sicherheit gefährdet wäre (Steinschlag? Verschütteter Weg? Zerstörte Brücke über Seitenbach?), entscheide ich mich für Vernunft, überschreite die Brücke und blicke bedauernd zu meinem Rhein hinunter, der hier weder grau noch bräunlich daherfließt, sondern so grünklar und sauber, dass ich ohne Weiteres aus ihm trinken würde.

Mit zügigem Schritt steige ich bergan und wieder bergab, denn ich habe in Disentis eine Verabredung, zu der ich nicht später kommen möchte, als ich angekündigt habe. Die Mehrfamilienburgen am Horizont rücken langsamer näher als es meinem Tempo entspricht, manchmal scheint mir, sie blieben so unerreichbar stehen wie die Türme von Córdoba in Lorcas »Canción de jinete«. Madernals heißt der Weiler, dessen Kühe direkt hinter einer Panzersperre weiden, die sich bis zum Rheinufer hinunter erstreckt. Die russischen Panzer, mit denen in jedem Militärmanöver der Schweizer Armee gedroht wurde, erscheinen nach dem Einfall in die Ukraine plötzlich weniger surreal.

Man soll den Haushaltkehricht in den Molok werfen, ermahnt eine Aufschrift an einer Scheunentür, el moloc, ein Wort, das mir neu ist, ich stelle mir einen gefräßigen Moloch mit einem geblähten Bauch vor.

Es ist fast sommerlich heiß geworden, als ich in Disentis einmarschiere und am unübersehbaren Kloster vorbeigehe, das Gebäude ist eine Mischung aus Kaserne, Erziehungsanstalt und Fabrik, einer Fabrik, die Katholiken herstellt.

Mein 95-jähriger Freund, mit dem ich von Zeit zu Zeit telefoniere, freut sich, als ich Punkt zwölf Uhr im Altersheim sein Zimmer betrete. Er war Journalist, und der ganze Raum ist über und über mit Zeitungen vollgestopft, sie liegen auf Tischen, Stühlen und Regalen, einzig der Rollator lässt eine kleine Sitzfläche für mich übrig. Der Osterhase, den ich als Geschenk aus dem Rucksack ziehe, ist von der Hitze auf der einen Seite halb geschmolzen.

Während des Essens im Restaurant erzählt mir der alte Mann mit zunehmendem Feuer die Geschichte einer Jugendliebe, und als ich mit meinen Capuns zu Ende bin und gehen muss, hat er seinen Teller noch nicht angerührt.

Im Bahnhof wartet auf Gleis 1 ein »Glacier Express« auf einen Gegenzug, im Speisewagen beugen sich Kellner zu den Gästen hinunter.

Morgen ist Karfreitag, und Christus wird, wie jedes Jahr, erbarmungslos gekreuzigt werden.

14.4.2022

26

Die Anfahrtsstrecken für meine Wanderungen werden immer länger. Drei Stunden, nachdem ich in Oerlikon in die S-Bahn gestiegen bin, verlasse ich den Zug der Rhätischen Bahn in Disentis.

Während der Fahrt durch die Rheinschlucht öffnete ein dunkelhäutiger Passagier das Fenster, um Fotos zu machen, und sein einheimischer Begleiter fragte mich, ob mich das störe, da ich im Abteil gleich dahinter saß. Ich ermunterte den Fotografen weiterzufahren, setzte mich ins Abteil vor dem offenen Fenster, blickte auf die pittoresken Flusswindungen und stellte mir vor, ich sähe sie zum ersten Mal. Die Begeisterung des fremden Reisenden schwappte zu mir herüber. Verglichen mit Versam ist eigentlich schon Zürich ein anderer Kontinent.

Da auf der Karte der günstigste Weg rheinaufwärts nicht eindeutig zu erkennen war, beschloss ich, mich auf die Wanderwegweiser zu verlassen, die denn auch mein heutiges Ziel Sedrun gleich am Bahnhof anzeigten, leider aufwärts.

Am Dorfausgang erwartete mich Christophorus mit dem Jesuskind auf der Achsel, überlebensgroß. Ich betrat die Kirche, deren Außenwand er schmückte, und tauchte in eine barocke Festlichkeit ein, die ich von außen nicht vermutet hätte. Da der Krieg in der Ukraine andauert, sang ich noch einmal »Dona nobis pacem« und zündete vor einer Seitenkapelle eine Kerze an.

»Schweins« kündigt die Menüschiefertafel vor einem Restaurant umfassend an, Details wie -schnitzel oder -braten- oder -würste kann man sich offenbar selbst ergänzen.

Zwischen Ferienresidenzen, Ferienresorts (Pizzeria, Klangtherapie) und Seilbahnstationen werde ich von den gelben Wegweisern unerbittlich bergauf geführt, weg vom Rhein, den ich noch gar nicht gesehen habe.

Einmal läuft mir ein Maikäfer wie eine Jugenderinnerung über den Weg.

Der Ort Segnas, der lange als Zwischenstation auf den gelben Wegweisern gehandelt wird, muss erdauert werden, aber auf einmal steht eine Kirche da, deren Inneres der Disentiser Kirche nacheifert. Ich singe nicht mehr, bedaure aber, dass ich meine Blockflöte nicht mitgenommen habe.

Menschen, die ich mit »bun di« begrüße, grüßen mit »bien di« zurück, ich muss irgend einmal eine unsichtbare Sprachgrenze überschritten haben.

Mumpé Tujetsch heißt das nächste kleine Dorf. Beim Betreten der großen Kapelle frage ich mich, wie sich die Menschen der armen Berggemeinden so viel Barock leisten konnten.

Die Wegweiser, von denen man an der Hand genommen wird, erinnern mich immer wieder daran, dass ich mich auf der »Senda Sursilvana« bewege, dem alten Weg über den Oberalppass. Vor mir in der Ferne Sedrun, unter mir das Trassee der Rhätischen Bahn, noch weiter unten die neue Oberalppassstraße, und ganz zuunterst, unsichtbar und fast unhörbar, der Rhein. Es ist die erste meiner Wanderungen, auf der ich ihn keinen einzigen Moment gesehen habe. Hoffentlich nimmt er mir das nicht übel.

Der nächste Zug von Sedrun nach Zürich fährt nicht über Disentis Chur, sondern über Andermatt und Göschenen, und als ich aus dem Fenster schaue, sehe ich auf der andern Talseite mein nächstes Wegstück, einen einladenden Fußpfad, der durch Wiesen und lichte Waldpartien nach Tschamut führt, und dann einen Zickzackweg über die Baumgrenze hinauf zu einem Felskamm, hinter dem der Tumasee liegen muss. Er ist die Quelle des Vorderrheins, und während ich die Karte zusammenfalte, entfaltet sich meine Vorfreude.

27.5.2022

27

Der Rhein trocknet aus!

Die Bilder aus Düsseldorf sind verstörend, lauter Kies dort, wo sonst das Wasser strömt. Die Schifffahrt muss eingeschränkt werden, manche Lastschiffe können nur noch zu einem Viertel beladen werden.

Der Vater Rhein lässt seine Kinder im Stich.

Ich muss nachschauen, wie es ihm weiter oben geht.

Den Sommer über entglitt er mir dieses Jahr fast ganz. Eine Rückenoperation, in welcher mein Spinalkanal entrümpelt wurde, musste zunächst verschoben werden, weil ich Corona erwischt hatte, oder weil mich Corona doch noch erwischt hatte; während der Erholungswochen nach dem Eingriff bewegte ich mich mit der gebotenen Vorsicht, dann wurde ich von einer Sommergrippe geschüttelt – so wurde es Ende August, ohne dass ich eine größere Wanderung gemacht hatte oder nur ein einziges Mal im Freibad schwimmen gegangen war.

Heute aber bin ich unterwegs zum Ursprung des Rheins, und meine Frau begleitet mich.

Der Blick aus dem Zugfenster zwischen Reichenau und Trin: Er kommt etwas milchig daher, aber nicht als Rinnsal, sondern wie einer, der noch etwas vorhat.

Ich lese meiner Frau Hölderlins weitschweifiges Gedicht »Der Rhein« vor, das er für seinen Dichterfreund Isaak Sinclair schrieb.

Tief unter den silbernen Gipfeln,
Wo die Wälder schauernd zu ihm
Und der Felsen Häupter übereinander
Hinabschaun

heißt es da über den Rhein

... denn furchtbar war, da lichtlos er
In den Fesseln sich wälzte
Das Rasen des Halbgotts.

In Sedrun steigen wir um halb zehn Uhr aus und gehen zuerst in den Nachbarort Rueras. Es ist Sonntag, vor der kleinen Kirche stehen vier ältere und drei jüngere Menschen, die auf den Beginn des Gottesdienstes warten.

Vergebens lausche ich beim Rheinübergang unterhalb der Staumauer eines Ausgleichbeckens auf das Rasen des Halbgotts, es dümpelt bloß ein kleines Restwasser daher. Ein Plätschern dringt durch den Wald zum Weg, auf dem wir wandern. Der Rhein? Wirklich? Ein Kind, das noch nicht weiß, was von ihm verlangt wird. Energie soll es hergeben, schiffbar soll es werden, schwimmbar soll es sein, und tief genug für Selbstmörder.

Hier irgendwo muss während des Baus des Gotthard-Basistunnels die Porta Alpina gewesen sein, ein Zwischenangriffsstollen, von dem sich die Gemeinde Sedrun und der Kanton Graubünden erhofften, dass eine unterirdische Haltestelle die Wintersportfreudigen mit einem Lift 800 Meter in die Höhe hieven werde, direkt in die Arme der Bergbahnen und Skilifte. Die Wartehallen dafür wurden in der Tiefe schon gebaut und warten immer noch auf ihre Benutzung. An der Oberfläche ist von diesem Großprojekt nur ein Erlebnisparcours übrig geblieben, ein Prospekt gibt Anleitungen zur »Via d'Aventura« und empfiehlt sich für Familien mit Kindern.

Der Weg nach Tschamut führt abwechselnd durch Wälder und freie Felder, zweimal gehen wir über

Brücken, unter denen kräftige Bergbäche dem Rhein zufließen. Ihnen ist kein Wassermangel anzusehen, sie sind nicht schuld an den Kiesbänken in Düsseldorf. Als wir den Rhein wieder überqueren, ermahne ich ihn, sein Möglichstes zu tun, damit die Schiffe wieder voll beladen werden können, aber ich glaube, er beachtet mich nicht.

Mit Interesse sehe ich, dass auf einem Wegweiser zum ersten Mal das Ende meines Buches angekündigt wird: »Lai da Tuma 3 1/4 h«. Vorher geht es aber über einen schattenlosen Golfplatz steil bergauf nach Tschamut, und furchtbar ist nun die Sonne, die schon den ganzen Sommer glühte, als rücke sie der Erde täglich näher. Unter jedem der wenigen Bäume bleiben wir ein bisschen stehen wie an einer Schattentankstelle. Hinter dem Kirchlein, das schon lange in den Horizont guckt, sei gleich der Bahnhof, behaupte ich. Kurz vor dem Dorf wird der Weg eng, ein entgegenkommender Wanderer bleibt stehen und sagt zu meiner Frau, ladies first. Sie antwortet, sie sei keine Lady mehr, nur noch eine Schweißsäule.

Und dann die Wahrheit: Der Bahnhof von Tschamut befindet sich nicht hinter dem Kirchlein, sondern weit oberhalb des Dorfes.

Ich frage eine Angestellte des Hotels »Rheinquelle«,

die mit dem Autoschlüssel zum Parkplatz geht, ob sie etwa nach Sedrun fahre.

Ja, sagt sie, und offenbar sehen wir erbarmungswürdig genug aus, denn sie bringt uns ohne Umschweife zum Bahnhof Sedrun hinunter, von wo wir vor gut drei Stunden aufgebrochen sind.

28.8.2022

28

Der erste Zug von Zürich nach Chur führt erstaunlicherweise einen Speisewagen. Etwas unschlüssig, ob ich diese Tatsache durch einen Besuch würdigen soll, lasse ich mir doch einen Cappuccino und ein Rustico-Gipfeli am Express-Buffet im Hauptbahnhof geben, nachdem ich mir eine NZZ gekauft habe.

Die erste Durchsage im Zug gibt dann bekannt, dass der Speisewagen heute »aus betrieblichen Gründen« leider geschlossen sei. Gespannt warte ich auf die englische Übersetzung, »due to operational reasons« lautet sie.

In England muss die Nationalhymne nach dem Tod der Königin ab sofort männlich gesungen werden, »God save the King«. Und alle Briefmarken und Banknoten wird fortan der Kopf von Charles zieren. Da warten gigantische Druckaufträge auf ihre Ausführungen.

»Wo muss ich drücken?« frage ich den Kondukteur der Matterhorn-Gotthard-Bahn, dem ich mein

Ziel bekannt gebe, das zu den »Halt auf Verlangen«-Destinationen gehört. »Nirgends«, sagt er, »ich weiß es ja.« In Tschamut steige ich im kleinen Bahnhof aus, der so unerreichbar hoch über dem Dorf liegt, und steige zum Rhein hinunter, der als Bergbach das Tal durchzieht.

Ich überquere ihn auf einer Brücke, werde am Geländer darauf hingewiesen, dass ich mich ab jetzt in einem Federwildasyl befinde und gerate auf einen Wanderweg, der über matschig-schlammigen Boden durch eine Rinderweide führt. Immer wieder stellen sich mir Rinder in den Weg, die dann eine Weile vor mir hergehen, bis ich sie zur Seite treiben oder überholen kann. Ich ärgere mich, dass ich nicht meine massiven Bergschuhe angezogen habe und muss aufpassen, dass ich nicht zu nahe an die Hinterbeine der Tiere komme, falls eines von ihnen aus Angst einmal ausschlagen sollte. Dadurch verpasse ich die Abzweigung zum Lai da Tuma, und erst nach einer Weile, als ich einen steilen Weg in entgegengesetzter Richtung hinaufsteige, setze ich mich hin, schaue auf die Karte und merke, dass ich alles wieder zurückgehen müsste, »zurück auf Feld 1« heißt das bei den Würfelspielen. Weiter oben führt aber eine Straße Tumaseewärts, und statt nochmals in den Schlamm und das Kuhchaos hinunterzusteigen, gehe ich nun einfach weiter und komme auf einen Grat, über den ein eisiger Wind weht.

Eine Staumauer sperrt das Tal dahinter ab, das fast ganz von Gewölk durchzogen ist. Ein Nieselregen setzt ein. Aus den Stauden neben dem Weg fliegt ein Birkhuhn auf, gleich danach noch eins, und dann eine ganze Gruppe, die ich aufgescheucht habe. Wissen sie nicht, dass sie in einem Federwildasyl wohnen? Kurz danach erschüttert eine Sprengung das Tal, gefolgt von aufgeregtem, weit entferntem Hundegebell. Durch die Wolkenschleier ist nicht zu sehen, wo die Explosion stattfand. Endlich erreiche ich eine asphaltierte Straße, offenbar die Werkstraße zum Stausee, und marschiere wieder hinunter in der Richtung, in welcher der Lai da Tuma liegt. Auf einer Brücke gehe ich über den jungen Rhein, der übermütig über eine Felsrinne hinabschießt und immer wieder kleine Wasserfälle bildet, als freue er sich auf alles, was ihn erwartet.

Als ich zum Wegweiser komme, der in die Wolkendecke hinaufzeigt, denke ich daran, dass ich heute Abend mit meiner Frau Fisch essen will und schlage die Richtung zum Oberalppass ein. Nahe an der kurvenreichen klassischen Passstraße, auf der immer wieder Gruppen von Motorrädern aufheulen, komme ich nach einer knappen Stunde zur Passhöhe, wo eine Informationsbaracke zur Rheinquelle steht. Eine Tafel am Eingang lockt mit WURST KÄSE INFO. Ich verzichte auf alle drei und gehe zwischen Pulks von zigarettenrauchenden und diskutierenden Motorradfahrern zum Bahnhof hinüber, wo ich in die Matterhorn-Gotthard-Bahn steige, die mich langsam und zahnradknatternd nach Andermatt hinunterfährt.

Das letzte Kapitel steht also noch bevor.

10.9.2022

29

Rote und gelbe Heidelbeerstauden rufen den Herbst
aus.

Der Weg vom Oberalppass zum Lai da Tuma, welcher von unten sehr einladend aussah, ist beschwer-
licher als erwartet, es müssen immer wieder ruppige
Felspartien überschritten werden, die aber unmissver-
ständlich mit dem Wanderwegsignet gekennzeichnet
sind. Auf jede Geländeschulter, hinter der man den See
vermutet, folgt eine nächste, aber irgend einmal stehe
ich oben auf einem kleinen Pass vor einem Granitstein
mit der Inschrift »Quelle RHEIN« und schaue auf den
Bergsee, der Stille ausströmt, eine Stille, die den Be-
trachter von allen Alltagsgeräuschen reinigt.

Von weither erreicht mich das Wort »Andacht«.

Ich gehe zum See hinunter, knie am Ufer nieder,
streichle mit der Hand seine Oberfläche und wünsche
dem Wasser eine gute Reise.

26.9.2022

Epilog

Vom »Alten Zoll« in Bonn blicke ich auf den Rhein hinunter. Ein Lastkahn fährt flussaufwärts, einer flussabwärts. Ein Restaurantschiff ist am Ufer vertäut.

So sieht er also aus, wenn er erwachsen ist, mein Rhein. Gut hat er's gemacht. Ich bin stolz auf ihn.

22.10.2022

Franz Hohler

Der Enkeltrick

Erzählungen

160 Seiten, btb 77264

Was möchte die Frau vor der Wohnungstür, die doch eindeutig
nicht die Postbotin ist? Warum sitzt Henri Martin mit einem
Eispickel auf den Knien im Zug nach Zermatt? Wieso regnet es
Steine in der Küche eines einsamen Alpenhotels? Und welches
Geheimnis umgibt den Tisch im Ausflugslokal, der immer
reserviert ist, an dem jedoch nie jemand sitzt?
Von den kleinen und großen Wundern des Alltags:
elf meisterhafte Erzählungen von Franz Hohler.

»Das ist mal melancholisch, mal schelmisch, mal hinterlistig –
und sehr vergnüglich.«

Luzerner Zeitung

»Die Grundierung ist immer tragikomisch, die erzählerische
Oberfläche von einem das Absurde feiernden, grandiosen
Humor.«

Münchner Merkur

btb